小學生也看得懂的 經濟學

買樂透能中大獎嗎？
別人都有，為什麼不買給我？
開源和節流哪一個更重要？

培養孩子成為理財高手

馮泓樹 馮偉 著

「為什麼連一塊錢也要撿起來？」
「樂樂，1塊錢也是錢，沒有人會笑你。
如果別人因此笑你，那也是他們不對。」
如何教育孩子正確的理財知識？就從這本書開始！

崧燁文化

小學生也看得懂的經濟學
培養孩子成為理財高手

目錄

第一部分 幼稚園階段

1. 錢是什麼「東東」？ ………………… 10
2. 錢兒子和錢孫子 ………………………… 14
3. 錢還有假的？ …………………………… 17
4. 別人都有，為什麼不買給我？ ……… 20
5. 我們買不起嗎？ ………………………… 23
6. 兩個玩具我都想要 ……………………… 26
7. 我們家很窮嗎？ ………………………… 30
8. 上班好玩嗎？ …………………………… 32
9. 保全和警察是一樣的職業嗎？ ……… 36
10. 什麼是不勞而獲？ ……………………… 39

第二部分 小學階段

11. 小商店的零食 …………………………… 44
12. 撿來的玩具 ……………………………… 46
13. 為什麼有這麼多銀行？ ………………… 50
14. 「吐錢」的櫃子不靈了 ………………… 53

小學生也看得懂的經濟學
培養孩子成為理財高手

15. 存錢靠堅持 ……………………………… 56
16. 一枚錢太少 ……………………………… 59
17. 點石成金 ………………………………… 62
18. 買樂透能中大獎嗎？ …………………… 64
19. 吃雞腿送玩具 …………………………… 67
20. 開源和節流哪一個更重要？ …………… 70
21. 第一份零用錢合約 ……………………… 73
22. 金錢換不來友誼 ………………………… 77
23. 會推磨的存錢筒 ………………………… 79
24. 1塊錢要撿起來嗎？ …………………… 82
25. 搖錢樹真的能長出錢嗎？ ……………… 85
26. 守財奴是什麼？ ………………………… 89
27. 選寶遊戲 ………………………………… 91

第三部分 國中階段

28. 我們是房奴嗎？ ………………………… 96
29. 為什麼低買高賣還賺不到錢呢？ ……… 98
30. 為什麼海邊的蝦比較便宜呢？ ………… 101
31. 為什麼機票早買更便宜？ ……………… 104
32. 什麼是啃老族？ ………………………… 107
33. 賽車手和計程車司機 …………………… 110

目錄

34. 發票是證明我們吃的是什麼嗎？ …… 113
35. 有牛市，有沒有豬市？ …… 115
36. 爺爺的退休金 …… 118
37. 眼光就是財富 …… 121
38. 金錢不是衡量成功的唯一標準 …… 124
39. 我也要魚竿 …… 126
40. 投資需要很多錢嗎？ …… 129
41. 什麼是金融危機？ …… 133
42. 我也有健保卡 …… 138
43. 創辦公司很難嗎？ …… 140
44. 稅收就是大家交、大家用 …… 143
45. 買保險就是保證汽車不被撞嗎？ …… 146
46. 計程車為什麼要有基本車資？ …… 149
47. 國家也要借錢嗎？ …… 151
48. 為什麼破產了還要保護？ …… 153
49. 什麼是捐贈誓言？ …… 156

小學生也看得懂的經濟學
培養孩子成為理財高手

前言

　　在我的成長過程中,有很多的「為什麼」問爸爸媽媽。爸爸媽媽發現我問的問題,有些天真率性,有些稀奇古怪,經常讓他們忍俊不禁,也會讓他們不知如何作答這些問答充滿童真、童趣的同時,也潛移默化地為我打開了知識的大門。

　　本書緣起於爸爸媽媽為我記錄的「樂樂成長歷程」,如:我在5歲多時,和爸爸去銀行存了錢,第二天又經過那家銀行,我就要求再進去看看「錢還在銀行嗎」。爸爸媽媽覺得很有趣,現在我和爸爸就將我從5歲幼稚園大班到國中階段問過的經濟類問題匯聚成書,希望對同學和家長有所啟示。

———兒子的話

　　孩子成長過程中問的財經話題,我在回答時充滿惶恐:我能解釋清楚嗎?說對了嗎?說明白了嗎?孩子能聽得懂嗎?

　　當孩子向我詢問經濟現象時,我自己也往往會覺得頭疼,有時候心裡明白,但無法正確地表達出來,有的自己也不懂,但是通過

小學生也看得懂的經濟學
培養孩子成為理財高手

與孩子的對話、交流，我才發現經濟學正生動地影響著生活的方方面面，在我們大人、小孩身邊發生的許多大事小事都與經濟息息相關。

孩子的提問讓我們父母也更積極地去思考、去學習，與孩子共同探討、共同進步，這其實也是一件快樂的事情。

根據樂樂成長過程中提過的財經類的問題，結合年輕父母教育培養過程中的具體場境，尤其是關於金融科技、電子支付等相關的「新情境」，分享立足孩子的認知發展規律，深入生活、簡單易行的財商教育方法。

本書的一些解答可能不完全準確，希望您在與孩子交流中靈活運用。同時在與孩子的交流中，孩子可能沒有聽懂或一知半解，家長不必擔心，讓他們隨著自己的成長去得到正確、合理的答案，希望他們成為理性的消費者、睿智的投資者和生活中的智者，富足、快樂地過一生。

―――父親的話

第一部分 幼稚園階段

小學生也看得懂的經濟學
培養孩子成為理財高手

1. 錢是什麼「東東」？

　　星期天下午，樂樂一進屋，就急匆匆地對爸爸說：「爸爸，你有沒有 40 塊錢，我要買把水槍來玩。」

　　樂樂爸爸拿出三個 10 塊和兩個 5 塊的硬幣給樂樂，結果樂樂嘟著嘴，說：「我只要 40 塊錢，我不要這麼多張。」

　　樂樂爸爸：「這五個銅板加起來就是 40 塊錢。」

　　樂樂疑惑地拿著錢去買水槍，不一會兒，樂樂買回水槍並高興地玩了起來。

　　玩了一會兒，樂樂爸爸問：「今天你用錢買了水槍，可你知道什麼是錢嗎？」

　　樂樂搖搖頭。

　　樂樂爸爸拿出準備好的硬幣和紙鈔放在桌子上，然後對樂樂說：「樂樂，你看這些是什麼？」

　　樂樂：「這些是什麼啊？」

　　樂樂爸爸：「這些都是我們國家的貨幣。」樂樂：「這些錢都

第一部分 幼稚園階段
1. 錢是什麼「東東」？

長得不一樣呢。」

樂樂爸爸：「我們國家的錢分為兩種，一種是硬幣，一種是紙鈔。」

樂樂：「圓的是硬幣，紙做的是紙鈔，對吧？」

樂樂爸爸摸摸樂樂的頭，接著說：「對。我們現在用的新台幣共有 1 塊、5 塊、10 塊、20 塊、50 塊、100 塊、200 塊、500 塊、1000 塊、2000 塊。要小心不要搞混了。」

樂樂爸爸在手裡放了 3 個硬幣：「樂樂，你來看看這 3 個硬幣有什麼不同的地方？」

樂樂看了一會兒說：「大小不一樣，上面還有字。」

樂樂爸爸：「對，你仔細看，一塊錢的硬幣印有『1』的字樣，10 塊和 50 塊的硬幣也是有字的，上面都有數字和國字。可以從上面認出來是多少錢。」

樂樂說：「今天買的水槍是 40 塊錢，我是不是可以用 40 個 1 元買水槍呢？」

樂樂爸爸：「樂樂真棒。今天我給你的是三個 10 元硬幣加上兩個 5 元。但也可以用 40 個 1 塊錢的銅板或是 4 個 10 塊錢買水槍。你好好學習加減法就能熟練地用錢了。」

樂樂：「那為什麼錢有這麼多種呢？」

樂樂爸爸：「因為買的東西需要的錢不一樣，所以要有很多種

小學生也看得懂的經濟學
培養孩子成為理財高手

錢來組合,這樣就能很方便地買東西了。兩個 5 塊就等於 10 塊,5 個 1 塊就等於 5 塊。」

接著,樂樂爸爸把 8 個 5 塊錢硬幣放在樂樂的左手,又放了兩個 10 元的硬幣在樂樂的右手。

樂樂爸爸說:「你現在拿著左手和右手的錢去小區門口的超市買棒棒糖回來。你先給老闆左手的錢,看看他給你幾個棒棒糖,再給他右手的錢,看看給你幾個棒棒糖。」

樂樂高高興興地出門去了。不一會兒,他就回到爸爸面前,搖搖手上的棒棒糖:「爸爸,爸爸,左手的錢買到四個棒棒糖,右手的錢買到兩個棒棒糖呢。」

樂樂爸爸:「那現在你告訴爸爸多少個 5 塊等於 10 塊啊?」

樂樂數著硬幣說:「5 個 1 塊等於 5 塊,兩個 5 塊就等於 10 塊,10 個 1 塊也等於 10 塊。」

樂樂爸爸笑呵呵地說:「那能買幾個棒棒糖啊?」

「爸爸,剛剛我就知道了,10 元只能買一個棒棒糖。」樂樂大聲地說。

樂樂爸爸笑著說:「你把硬幣翻過來,一塊錢的背面是蔣公,10 塊的正面有梅花,50 的是國父,你要看清楚,使用的時候才不會搞錯。」

樂樂:「爸爸,我知道了,但我認不出國父跟蔣公呢。」

第一部分 幼稚園階段
1. 錢是什麼「東東」？

「沒關係，你長大點就認得清楚了。」樂樂爸爸慈愛地看著樂樂，「你還記得上次我們去中山樓參觀嗎？一百元鈔票元背面的圖案就是中山樓的建築，還記得我說過它是全世界唯一蓋在火山口上的建築物嗎？」

樂樂激動地叫了起來：「記得，這個地方我去過！」

樂樂爸爸展示著手上不同的紙鈔說：「五百塊錢背面的圖案是大霸尖山，一千元背面是玉山。這些都是有名的地方，以後我們有時間都去看看。如果樂樂拿一張一百塊錢去買一把40塊錢的水槍，要注意什麼呢？」樂樂：「要叔叔找錢給我。」

樂樂爸爸：「對，要把找回來的錢算清楚。還要注意把錢收好，放到衣服的口袋裡，不然很容易掉。記住了嗎，樂樂？」

樂樂：「記住了。我都認識了！」

小學生也看得懂的經濟學
培養孩子成為理財高手

2. 錢兒子和錢孫子

　　歡樂的春節過完了，有一天奶奶問樂樂：「你今年收到了多少壓歲錢啊？」

　　樂樂跑回房間，拿出紅包得意地回答：「我有好幾千元呢。」
樂樂爸爸：「樂樂，你把壓歲錢給我，我給你保管。」

　　樂樂：「不行，這是給我的錢。」

　　「那奶奶幫你存在銀行裡。」奶奶笑呵呵地和樂樂打趣道。
樂樂說：「我想買玩具，如果把錢都放在銀行裡要過很久才能領回來。」

　　「可是放在銀行裡有利息啊。錢會生出很多錢兒子和錢孫子。有了錢兒子和錢孫子，你就可以買更多的洋娃娃和小飛機了。」樂樂爸爸接著說。

　　「那什麼是利息呢？為什麼會有錢兒子和錢孫子呢？」樂樂問爸爸。

　　樂樂爸爸：「利息就是我們把錢存入銀行裡，等到了一定時間

第一部分 幼稚園階段
2. 錢兒子和錢孫子

會有多出來的錢,這就是錢兒子。我們的錢加上利息,再過一段時間又會多出一筆錢,這就是錢孫子了。」

樂樂聽見爸爸這樣說,一下子來了興趣,覺得錢還會生錢兒子和錢孫子很有趣。

樂樂爸爸接著說道:「你把你現在的 2000 元想成是錢爸錢媽,這就是本金。錢爸錢媽在銀行待一年就可以生下錢兒子、錢女兒,這就叫利息了。比如我們把 1000 元存到銀行,一年後你就可以拿到 1035 元,這 35 元就是你的利息,也就是錢兒子啦。明白了嗎?」

樂樂:「明白了。我多了 35 元。好神奇啊!」

樂樂爸爸:「這只是個小魔法。當你把錢爸媽加上錢兒女一直放在銀行裡,就會看到錢孫子了。最大的魔法是你一年一年不停地把錢存進去,等到你 18 歲時,你的錢子錢孫就會兒孫滿堂了。」

「哇!這還是小魔法啊!」樂樂叫著。

樂樂爸爸接著說:「是啊,魔法有很多種。通常我們不著急用的錢,就可以選擇存為五年期的定期存款。這個魔法獲得的『錢兒子』 更多呢。你快拿著紅包,我們到銀行存錢去,好不好?」樂樂著急地說:「好的,爸爸。但是,先幫我買個玩具再去銀行變魔法啊。」

「魔法可不是這樣變的呢,要先生出錢孫子才能買玩具。」樂樂爸爸笑著說。

小學生也看得懂的經濟學
培養孩子成為理財高手

說完,樂樂就興高采烈地和爸爸到銀行去了。

3. 錢還有假的？

一天，樂樂從幼稚園回到家。

樂樂問：「爸爸，假錢是什麼樣子的？」

樂樂爸爸：「假錢和真錢外觀都差不多，只是紙張和印製有區別。你怎麼突然問起假錢呢？」

樂樂：「明天每個小朋友要交 500 塊錢給老師，我們要買兒童節跳舞穿的新衣服。老師說之前收到過假錢，要大家在 500 塊錢上面寫上名字。」

樂樂爸爸：「知道了，但是我們不能在錢上寫字。」

樂樂：「不行，老師說要寫。」

樂樂爸爸：「那我們把 500 塊錢裝進信封，然後在信封上寫你的名字，就解決了。」

樂樂爸爸繼續說：「樂樂，法律有規定，不能在新台幣上亂塗亂畫，這會影響新台幣的使用。你如果在錢上畫了畫，把數字都遮住了，就不知道是多少錢了。」

小學生也看得懂的經濟學
培養孩子成為理財高手

　　樂樂爸爸拿出一張 500 元給樂樂看：「樂樂，你看這就是新台幣，這上面印有數字 500，表示這是 500 元。」
　　樂樂：「新台幣？」
　　樂樂爸爸：「對了，我們的錢都叫新台幣，外國的錢就不叫新台幣。」
　　樂樂：「美國的錢叫什麼呢？」
　　樂樂爸爸：「美國的錢叫美金，俄羅斯的錢叫盧布，英國的錢叫英鎊，日本的錢叫日元，每個國家的錢都有一個名字，錢的圖案顏色也不一樣。」
　　樂樂：「錢還不一樣？」
　　樂樂爸爸：「是的，一個國家的錢常被比作一個國家的『名片』，我們要愛護新台幣，不能在新台幣上亂寫亂畫。」
　　樂樂：「好吧，那我們就把名字寫在信封上。」
　　樂樂爸爸：「我們要好好地保護錢，錢是辛辛苦苦賺來的。你看爸爸媽媽平時都習慣用錢包把錢裝好，就不容易弄丟了。」
　　樂樂：「我也要個錢包。」
　　樂樂爸爸：「好的，改天我們去買，把你的零用錢整齊地放進去。相關法律規定每個人都應當愛護新台幣，禁止有人故意毀損新台幣，如果故意損壞新台幣，還要被罰款。」
　　樂樂：「那不小心把錢弄爛了怎麼辦呢？」

第一部分 幼稚園階段
3. 錢還有假的？

　　樂樂爸爸：「樂樂真聰明，這都想到了。如果錢殘缺了、弄得太髒了，可以到銀行去換。如果是假錢就要被銀行沒收。」

　　樂樂：「假錢不能用嗎？」

　　樂樂爸爸繼續說：「對的，那些假錢不能用。」樂樂：「老師也不收假錢。印假錢的人是壞蛋。」

　　樂樂爸爸：「對的，警察叔叔會抓印假錢的人的。」

小學生也看得懂的經濟學
培養孩子成為理財高手

4. 別人都有，為什麼不買給我？

星期天早晨，樂樂媽媽把一件新買的上衣遞給樂樂，讓他穿。樂樂脫口而出：「媽媽，這是名牌嗎？」

這一問讓樂樂媽媽吃了一驚，於是問樂樂：「樂樂，你覺得什麼是名牌呢？」

樂樂：「我們幼稚園很多小朋友穿的衣服上都有小熊維尼的圖案，聽說是名牌呢！」

樂樂媽媽：「衣服什麼品牌不重要，只要穿在身上舒適得體，乾乾淨淨就足夠了。」

樂樂：「不要！其他小朋友都有熊熊的衣服，我也要買件那樣的衣服。」

樂樂媽媽：「樂樂你已經有很多衣服，並且都很好看。今天你試試穿這件，很帥的！」

樂樂：「別人都有，為什麼不買給我？」

樂樂媽媽：「每個小朋友都有很多衣服和玩具。你有電動汽車，

第一部分 幼稚園階段
4. 別人都有，為什麼不買給我？

有些小朋友也沒有啊。」

樂樂爸爸走過來對樂樂說：「其實呀，穿名牌、用名牌都沒用，人要『自己當名牌』才有用。」

樂樂不解地問：「什麼叫『自己當名牌』呀？」

樂樂爸爸：「記得我們去看過的羽毛球比賽嗎？在你衣服上簽名的盧彥勳，他就是一個『名牌』。」

樂樂說：「我最喜歡盧彥勳了！我喜歡看他打球。」

樂樂爸爸：「對極了！盧彥勳自己就是一個名牌。他在你的衣服上簽了名，你的衣服也變成了名牌。所以自己當『名牌』才是最有用的。」

過了一會兒，樂樂突然說：「嗯，我們班也有明星。」樂樂媽媽問：「誰呀？」

樂樂：「小西天天換裙子，老師都誇她漂亮。」

樂樂媽媽：「老師是說她的裙子漂亮吧。大家最喜歡的是她嗎？」

樂樂：「不是啊，大家喜歡的是順順。」

樂樂媽媽：「為什麼？」

樂樂：「順順最棒、最能幹了，老師課堂上的提問他都能答對。他還會說英文。」

樂樂媽媽：「那麼，你是想當那個天天換裙子的小女生，還是

小學生也看得懂的經濟學
培養孩子成為理財高手

想當順順呢?」

　　樂樂:「當然想當順順呀!」

　　樂樂爸爸:「對了!其實穿得漂亮沒有用,愛讀書、身體好,和同學相處融洽,全面發展才是真正的優秀。你看你們的同學朱朱,他有很多遊戲機,可是他現在眼睛近視了,戴了眼鏡,就不能成為像盧彥勳那樣的羽球明星了。」

　　樂樂:「幸好我不用戴眼鏡。」

　　樂樂爸爸:「不管是名牌衣服還是玩具,即使別人有了,你也不要去比較,要做自己喜歡的事情,有自己獨特的個性。你喜歡打羽毛球和寫書法,爸爸媽媽都全心全意培養你,你也要加油練習,慢慢累積實力,以後你就可以成為你們班上人人誇讚的『名牌』了。」

　　樂樂:「我知道了,我也要好好加油,當個『名牌』。」

5. 我們買不起嗎？

　　有一天，樂樂和爸爸高高興興地到大賣場去。

　　樂樂爸爸對樂樂說：「今天我們到大賣場是去買羽毛球拍的，不買其他東西，也包括玩具，好嗎？」

　　樂樂：「好，我只去看看玩具。」

　　來到大賣場，樂樂和爸爸一起到體育用品區買好了球拍，然後樂樂就拉著爸爸來到玩具區。

　　在商場的玩具區，樂樂興奮地穿梭於各種玩具之間，一會兒拿起這個，一會兒抓起那個，不停地跑來跑去，興奮不已。

　　後來樂樂抱起一個玩具槍，心滿意足地走到爸爸面前：「爸爸，我要買這個玩具。」

　　樂樂爸爸：「不行，樂樂，今天我們說好了的，不買玩具，你看一下就好了，下次有需要的時候再來買。」

　　樂樂：「為什麼不行呢？」

　　樂樂爸爸：「不是每次到大賣場都要買玩具的，你已經有很多

小學生也看得懂的經濟學
培養孩子成為理財高手

玩具槍了。」

樂樂不高興了，在爸爸面前反覆表達想買玩具槍的願望，爸爸一直沒同意。

樂樂突然大聲說：「爸爸，你沒有錢嗎？」

樂樂爸爸想了想，回答說：「不，爸爸有錢。」

樂樂：「那是太貴了，我們買不起嗎？」

樂樂爸爸：「樂樂，這把玩具槍，我們買得起，但我們不需要在這上面花更多的錢，因為家裡已經有很多玩具槍了。」

樂樂有點不知所措：「這可是最新玩具槍，和家裡的不一樣。」

樂樂爸爸：「你已經買過很多玩具槍了。我們沒必要花錢買很多同一類型的玩具，而是要買其他更有用的東西。」

樂樂：「那我們去買其他東西吧。」

樂樂爸爸：「買其他東西，還要看是不是你需要的，錢要花在更有價值的地方。」

樂樂：「那什麼東西能夠買呢？」

樂樂爸爸：「什麼東西可以買，錢是我們需要考慮的其中一個重要因素。比如有的東西剛上市的時候價格太貴了，但爸爸媽媽認為是家裡的必需品，我們可以等待它打折的時候再來買。」

樂樂：「那不貴的東西隨時都可以買嗎？」

樂樂爸爸：「便宜的東西也不是都要買，還要看我們家需不需

第一部分 幼稚園階段
5. 我們買不起嗎？

要。如果不需要，花再少的錢也是浪費，比如我們買太多的玩具就是浪費。如果是我們需要的，只要價格合理、CP 值高，就可以買。今天我們來買羽毛球拍，是買來大家一起運動、鍛煉身體的，是我們需要的。」

樂樂：「知道了。」

樂樂爸爸：「每個月我們家買東西都是有計劃、安排的。爸爸媽媽和你一樣，買東西也要按照計劃來，不是想買就買。你每年只有兒童節、過年和生日才能買玩具。」

樂樂：「好，我等到生日的時候再買這把玩具槍。」

樂樂爸爸：「嗯，樂樂，我們要養成存錢的習慣，等到放假的時候，我們全家才有錢去旅遊。現在我們去麥當勞吃點東西吧。」

樂樂高興地和爸爸走進了麥當勞。

小學生也看得懂的經濟學
培養孩子成為理財高手

6. 兩個玩具我都想要

兒童節到了，樂樂早早地起了床。

樂樂急急忙忙跑到爸爸跟前說：「爸爸，今天是兒童節，我可以買玩具了，你要多帶點錢。」

樂樂的話提醒了爸爸。樂樂爸爸想了想，對樂樂說：「對，你先想一想，今天出去玩些什麼、吃些什麼，我們先計劃一下再出門，好嗎？」

樂樂：「好，我想要買玩具。」

樂樂爸爸：「還有別的嗎？你先自己想一下，然後告訴我和媽媽，出門前我們先計劃，就是有一個預算。這樣你也玩得高興。」

樂樂：「好，我要買一個玩具，還要吃牛排。打 10 個代幣的電動，買一本漫畫書，還要看電影，可以嗎？」

樂樂媽媽：「你提的這些可能要花很多錢，但是今天我們給你的預算是 1200 元，你要想清楚，吃牛排要花 300 元，玩遊戲 200 元，買書 120 元，看電影 260 元，那剩下的錢只能買 320 元的玩

第一部分 幼稚園階段
6. 兩個玩具我都想要

具,這樣錢就花光了,如果你看到其他想買的東西超過預算,就不能買了。」

樂樂:「可是買玩具的錢太少了,320元買不到我想買的玩具槍。」

樂樂媽媽:「那不行,你現在就要想好,你可以選擇買一個便宜一點的玩具或者重新安排你要買的東西。」

樂樂爸爸接著說:「樂樂,爸爸媽媽陪你去玩,你要幫爸爸媽媽買瓶水,好不好?上次你到遊樂園去玩,拿了500元,先買了一個玩具花了400元,後來玩了一個遊戲,結果就沒錢吃冰淇淋了。」

「好吧。」樂樂猶豫了一下,嘟著嘴巴同意了。

樂樂媽媽:「要記住,不許反悔,今後出去玩我們都要計劃好了再出門。現在你要重新計劃。」

樂樂:「好,我就只吃牛排、買書、看電影、買水,再買個玩具,不打電動了。」

樂樂媽媽:「嗯,樂樂這樣安排更合理了呢。今後你長大了,要學會記帳。比如以後生日、兒童節、過年等,都要做計劃,有一個預算,在爸爸媽媽同意的情況下,按照預算去做,不能隨時改變主意,這樣就不會亂花錢。我們大人買東西都先有計劃有安排,不是想買什麼就買什麼、想用多少錢就用多少錢,明白了嗎?」

樂樂:「為什麼用錢要先計劃呢?」

小學生也看得懂的經濟學
培養孩子成為理財高手

樂樂媽媽:「因為我們家的收入是爸爸媽媽上班的薪水,兩個人的錢加起來就那麼多,比較固定。我們每個月要開支多少,事先都有個計劃,不然錢就不夠用,萬一遇到生病等急需用錢的事怎麼辦呢?如果每個月發了薪水後不做計劃而隨意亂用的話,半個月就把錢用完了,那後半個月全家人就只有餓肚子了。你願意餓肚子嗎?」

樂樂:「那不就餓死了。」

樂樂爸爸找來一本寓言故事書,翻到一個寓言故事,對樂樂說:「樂樂,我們一起來看這個故事吧。」

一隻小狐狸來到兔子經常出沒的地方藏起來,等著抓兔子吃,結果等了一天,沒看見半隻兔子。天黑了,小狐狸餓得眼冒綠光,疲憊地回到家。

小狐狸對老狐狸抱怨說:「真是生不逢時啊!不然我想得好好的計謀,為什麼總是不成功。」

老狐狸問:「你告訴我,你是在什麼時候制定的計謀?」小狐狸說:「什麼時候?都是肚子餓了的時候啊!」

老狐狸笑了:「對啦,問題就在這!饑餓和周密考慮從來無法並行。你以後一定要趁肚子飽飽的時候再制定計謀,這樣就會有好的結果了。」

樂樂媽媽:「樂樂,故事中的小狐狸為什麼會餓肚子啊?」

第一部分 幼稚園階段
6. 兩個玩具我都想要

樂樂：「因為小狐狸等到餓肚子的時候才想起來去找吃的，沒有提前計劃，所以經常餓肚子。」

樂樂媽媽：「樂樂真聰明，所以用錢的時候就要計劃，學會合理花錢很重要，你要認真學習這種本領。」

樂樂：「好。」

小學生也看得懂的經濟學
培養孩子成為理財高手

7. 我們家很窮嗎？

春天來了，樂樂一家人在屋頂的小花園晒太陽。爸爸幫樂樂買了一個紙風車，樂樂把風車拿在手上，微風吹著風車轉個不停。

樂樂突然問道：「媽媽，我們家很窮嗎？」

樂樂的爸爸媽媽聽了有點吃驚。於是樂樂爸爸問道：「你為什麼這樣問呢？」

樂樂：「我們班的春春家有 BMW。昨天，春春還和我說他家很有錢，所以開 BMW，不像我們家的車什麼都不是。放假了他們還要坐飛機出去玩。所以春春說我們家很窮。」

樂樂媽媽：「是的，我們家的車沒有春春家的車貴，不過車是爸爸媽媽上下班的交通工具，家裡有輛車，假日帶你出去玩也比較方便。」

樂樂爸爸：「樂樂，你覺得窮是什麼呢？」

樂樂回答：「窮是沒有大車坐，沒有大房子住，什麼也沒有。」

樂樂爸爸：「樂樂，富和窮不是這樣比較的。我們有夠用的東

第一部分 幼稚園階段
7. 我們家很窮嗎？

西，不叫窮。我們家車子小，夠坐就好。我們不用和別人比誰更有錢。」

樂樂媽媽：「我們家不窮，但也不富有。爸爸媽媽都在上班，賺的錢夠我們一家生活開銷和培養樂樂。一家人在一起過得開心、快樂才是生活中最重要的事情。有大屋子住不一定就開心，比如，打掃起來就很累。」

樂樂聽了，咯咯地笑：「我也不想掃地。」

樂樂爸爸：「爸爸媽媽很開心樂樂能問家裡的財務狀況。爸爸媽媽的收入能讓你好好接受教育。一家人在一起，幸福快樂。這叫知足常樂。」

小學生也看得懂的經濟學
培養孩子成為理財高手

8. 上班好玩嗎？

一天早上，樂樂醒來就急急忙忙去找媽媽。

「媽媽，我今天不想去幼稚園，可以嗎？」

樂樂媽媽：「不行，待會我和爸爸都要去上班。」

樂樂：「你今天可以不去上班嗎？你帶我去遊樂園玩吧。」

樂樂媽媽：「樂樂，媽媽要上班。公司是有制度的。如果家裡確實有事或者媽媽生病了，可以請假。但樂樂和媽媽今天身體都好好的，媽媽如果在家陪你玩，是不負責任的做法。樂樂是小朋友，如果今天你確實不想上學，媽媽理解你，可以允許樂樂放一次假，但樂樂你可以一個人在家嗎？」

樂樂想了想：「我不要一個人在家，我也要去上班！」

樂樂媽媽：「你去幼稚園上班好嗎？」

樂樂：「不！我要和你一起去公司上班！」

樂樂媽媽想了想：「那好，媽媽帶你去公司上班！」

樂樂媽媽向幼稚園老師請了假，樂樂興高采烈地拿著玩具和媽

第一部分 幼稚園階段
8. 上班好玩嗎？

媽一起出門了。

樂樂在公車站遇見其他小朋友，得意地說：「我今天不去幼稚園，我和媽媽去上班咯。」

樂樂跟著媽媽來到媽媽的公司，對公司裡的事情都很好奇，這看看，那摸摸。大人在辦公室之間進進出出，互相說著話、談著事情。

媽媽的同事們都很和藹可親，有的給樂樂零食吃，有的時不時誇獎樂樂幾句，樂樂很高興。

吃過午飯後，樂樂玩了一會兒玩具，開始覺得無聊了，於是就對媽媽說：「媽媽，我們回家吧！」

樂樂媽媽：「不行，還沒到下班時間呢！」樂樂：「我不想上班了，一點兒也不好玩。」

樂樂媽媽：「上班就要遵守紀律，要按時來上班，也要時間到才能下班，每個人都要遵守這個規定。」

樂樂沒有辦法，自己又安靜地玩了一會兒，躺在沙發上睡著了。

下班後，樂樂跟著媽媽回到了家。樂樂爸爸問樂樂：「上班好玩嗎？」

樂樂：「上班不好玩，沒有人陪我玩。」

樂樂爸爸：「上班就是大人的工作，爸爸媽媽去上班賺錢就是

小學生也看得懂的經濟學
培養孩子成為理財高手

為了讓我們一家人生活得更好。我們家買車和出去旅遊花的錢,都是爸爸媽媽上班賺的薪水,上班不是去玩。」

樂樂:「那為什麼今天沒有人給媽媽錢呢?」

樂樂爸爸:「上班要滿一個月,公司才能給爸爸媽媽發薪水,不是每天都發,知道了嗎?」

樂樂:「知道了。」

樂樂爸爸:「媽媽上班很忙,是不是?」

樂樂:「媽媽很忙,都沒陪我玩,一直和那些叔叔、阿姨談事情。」

樂樂爸爸:「爸爸媽媽去上班,就要和同事一起談工作、做事情,坐在辦公桌前寫東西。有時還要到其他公司辦事情,很忙碌的。」

樂樂:「媽媽公司裡每個人都有電腦玩。」

樂樂爸爸:「那你看他們是不是在打電動呢?」

樂樂:「他們沒有打電動,媽媽也不讓我打電動。」

樂樂爸爸:「是呀,公司規定上班時間是不允許打電動的,如果媽媽上班的時候打電動就會被扣薪水了。」

樂樂:「哦,那你們都是去賺錢。」

樂樂爸爸:「爸爸媽媽去工作不只是賺薪水,還需要和同事交流,還要交朋友,還要學習處理事務的能力。我們需要同事和朋友,

第一部分 幼稚園階段
8.上班好玩嗎？

就像你們小朋友需要幼稚園的同學一樣。你明天去幼稚園嗎？」

樂樂：「我去幼稚園，不想上班了。」

樂樂爸爸：「樂樂真乖，我們下了班就陪樂樂玩，等放了假帶你去看海。」

樂樂：「好。」

小學生也看得懂的經濟學
培養孩子成為理財高手

9. 保全和警察是一樣的職業嗎？

一天，樂樂爸爸下班後在社區門口找到正在和小朋友們玩耍的樂樂，帶他一同回家。回到家後樂樂對爸爸說：「我長大了要當保全。」

樂樂爸爸驚訝地說：「樂樂有了第一個理想職業了呢。那你為什麼想要當保全呢？」

樂樂認真地回答：「保全叔叔每天站在大門口守住大門，想讓誰進來就幫誰開門。汽車也是一樣，保全叔叔不開門就只能停在外面了。」

樂樂爸爸繼續問：「保全還幹什麼呢？」樂樂說：「保全還會抓小偷。」

樂樂爸爸：「樂樂，警察也要抓小偷，你為什麼不想長大後當警察呢？」

樂樂想了想說：「保全和警察都是一樣的，他們都穿一樣的衣服，戴一樣的帽子。」

第一部分 幼稚園階段
9. 保全和警察是一樣的職業嗎？

樂樂爸爸說：「門口的保全是負責管理和保護我們社區的安全的，警察是保護我們整個城市的安全的。保全抓到小偷要交給警察來處理，他們是兩種職業。」

樂樂說：「那警察和保全的薪水一樣多嗎？」樂樂爸爸：「不一樣多，保全收入要少一些。」

樂樂：「難怪樓下的保全叔叔說他們的薪水很少。」

樂樂爸爸：「工作的機會對每個人並不是完全一樣。如果你好好學習，成績好、身體好，長大後就有可能做一些更有難度、職業要求更高的工作，薪水就相對更高。如果成績不好又沒有專業技術，你就只能去做不需要很多知識或很高技能的工作，但是薪水往往就低一些。」

樂樂：「爸爸，哪些工作薪水高呢？」

樂樂爸爸：「樂樂，薪水高低只是工作的一個方面。人工作不僅是為了錢，人們還可以透過工作實現理想。工作做好了可以帶來滿足感和成就感。」

樂樂：「原來工作不只是為了錢，還為了目標感和成就感。」

樂樂爸爸：「職業是多種多樣的。古人說『三百六十行，行行出狀元』。當今社會更是有成百上千種職業，在每個領域中都有不同的分工，比如你們學校就有老師和行政人員等。」

樂樂：「他們都在學校工作。」

小學生也看得懂的經濟學
培養孩子成為理財高手

　　樂樂爸爸:「對,同一個公司有很多的工種,大家分工不同,通力合作。」

　　樂樂:「嗯,每項工作都要有人來做。」

　　樂樂爸爸:「職業不分貴賤,大家只是各有所長、分工不同。大家要懂得互相尊重。一個人要根據自己的長處、天賦、興趣以及社會需要來確定自己努力的方向,充分發揮主動性。」

　　樂樂:「那我得重新考慮保全這個職業是不是能發揮我的長處了。」

　　樂樂爸爸:「哈哈,樂樂可以慢慢考慮,結合自己的興趣和目標,慢慢找到自己的理想職業。當然,你只有現在努力學習、好好鍛煉身體,打好基礎,長大之後,才有更多選擇的自由。」

第一部分 幼稚園階段
10. 什麼是不勞而獲？

10. 什麼是不勞而獲？

一天，樂樂放學回家，仰著小臉問爸爸：「爸爸，今天老師對我們說，一分耕耘，一分收穫，不能不勞而獲。什麼是不勞而獲呀？」

樂樂爸爸對樂樂說：「我們一起來看鼴鼠的故事，你就清楚了。」

有一群鼴鼠生活在一起，它們非常快樂。

有一隻小鼴鼠漸漸長大了，但還是不願意自己去找吃的，天天在家裡玩。鼴鼠媽媽很溺愛小鼴鼠，每天都去幫小鼴鼠找吃的。

一段時間後，鼴鼠媽媽找到一塊麵包，這塊麵包好大好大，鼴鼠媽媽搬不動。她喊來鼴鼠爸爸，一個抱，一個推，好不容易才把大麵包搬到家門口。

麵包大，門太小，怎麼也擠進不去。鼴鼠爸爸和鼴鼠媽媽把麵包抬到空地上。鼴鼠媽媽在麵包上啃了一個洞當門，讓小鼴鼠鑽進去。小鼴鼠睡在麵包房子內，地板、天花板全是麵包，餓了只要張

小學生也看得懂的經濟學
培養孩子成為理財高手

開嘴巴咬一下，就能吃到麵包了。

小鼴鼠在麵包房子裡吃了睡、睡了吃，比誰都開心，變成了大胖子。

可是有一天，下起了大雨。雨水把麵包房子泡成了一堆稀泥。

鼴鼠媽媽跑出來一看，只見旁邊有個「大泥球」在滾來滾去。原來這「大泥球」就是小鼴鼠呀！

鼴鼠爸爸就對小鼴鼠說：「你不出去自己找吃的，當你離開我們的時候就會餓死的，因為你沒有生存的本領。」小鼴鼠羞愧難當，明白了不勞而獲是不行的，於是獨自去找吃的了。

樂樂爸爸：「樂樂，你說說『不勞而獲』的意思？」

樂樂：「不勞而獲，就是要自己去找吃的，不能只靠媽媽去找。」

樂樂爸爸：「對，除了空氣和陽光是天賜的，其餘的一切都要通過工作獲得。你要明白，做任何事，只有先付出，才能有回報，天下沒有不勞而獲的好事。」

樂樂：「我還小，沒法工作。」

樂樂爸爸：「你現在還小，不過也可以做一些力所能及的事，如洗碗、折被子、掃地、洗襪子等，你從現在起就要養成勤勞的習慣。人只有工作，才能鍛煉自己的生存能力。不然你長大了就不會洗衣服、煮飯，該怎麼生活呢？」

第一部分 幼稚園階段
10.什麼是不勞而獲?

樂樂:「我到餐廳吃。」

樂樂爸爸:「餐廳吃飯要給錢啦,你不工作就沒有錢,錢是靠工作換取的,不能有不勞而獲的思想,我們都要養成勤勞的習慣。」

樂樂:「好,我也要去工作。」

小學生也看得懂的經濟學
培養孩子成為理財高手

第二部分 小學階段

小學生也看得懂的經濟學
培養孩子成為理財高手

11. 小商店的零食

　　一天，樂樂爸爸到學校接上樂樂往家走。路過一家小商店，樂樂對爸爸說：「爸爸，幫我買包旺旺雪餅吧。」
　　樂樂爸爸：「樂樂，先別急著買雪餅，先買一瓶優酪乳喝吧。」
　　樂樂：「我不想喝優酪乳。」
　　樂樂爸爸：「樂樂，雪餅是膨化食品沒什麼營養，吃多了對身體不好。」
　　樂樂：「那你給我錢，我去買別的吃。」樂樂爸爸給了樂樂錢，樂樂去買零食了。
　　一會兒，樂樂買了一袋QQ軟糖回來。樂樂爸爸看了看，覺得包裝的顏色不太對，看起來怪怪的，又聞了聞，有一股很怪的味道，仔細看了一下生產條碼，發現也很模糊。
　　樂樂爸爸：「樂樂，你的QQ軟糖多少錢買的？」樂樂：「10塊錢，比超市便宜。」
　　樂樂爸爸：「這個是假的，不能吃，可能有害，在哪買的？」

第二部分 小學階段
11. 小商店的零食

樂樂:「學校對面的柑仔店。」

樂樂爸爸:「樂樂,我們要學會辨別仿冒品。」樂樂:「怎麼辨別仿冒品?」

樂樂爸爸:「買東西的時候,要有對商品進行驗證的意識,要看商標、生產批次、廠址、電話、防偽標示、商品條形碼等詳細資訊,如不齊全,就要升起警惕。走,我們到超市重新買一包QQ軟糖。」

樂樂和爸爸買回QQ軟糖,樂樂爸爸就讓樂樂比較兩包軟糖的包裝,結果發現不一樣。

樂樂:「我買到『假糖』了,難怪味道和原來的不一樣。」樂樂爸爸:「把那包假的丟掉吧,你要知道仿冒食品大多對身體有害。買到仿冒品不僅造成金錢的損失、浪費,可能還會生病,知道嗎?」

樂樂:「好的,我把『假糖』扔到垃圾桶去。」

樂樂爸爸:「以後買東西不要貪小便宜。」

樂樂:「記住了,下次買東西的時候要仔細看。」

小學生也看得懂的經濟學
培養孩子成為理財高手

12. 撿來的玩具

樂樂放學回家後從書包裡摸出一個機器人的玩具,這個玩具看著還很新。

樂樂爸爸看見了那個機器人,就問他:「樂樂,這玩具是誰的呢?你沒有這個玩具。」

樂樂說:「不知道。」

樂樂爸爸又問他:「那這個玩具是從哪來的呢?」

樂樂回答說:「今天在學校里裡撿的。」

樂樂爸爸:「那這個玩具不是你的,你為什麼要拿回家呢?」

樂樂繼續玩著那個玩具說:「不知道是誰的,沒人要的。」

樂樂爸爸:「樂樂,我們一起來看一個故事好不好?」

樂樂高興地答應了。

清朝有一個秀才,他的名字叫何岳,雖然他家很窮,但是他有志氣。

何岳在一個夜晚走路時撿到 200 餘兩白銀,但是不敢和家人說

第二部分 小學階段
12. 撿來的玩具

起這件事,擔心家人勸他留下這筆錢。

第二天早晨,何岳帶著銀子來到他撿錢的地方,看到有一個人正在尋找,便上前問他,那人回答的數目和描述的封存的標記都與他撿到的相符合,於是何岳把錢還給了他。

那人想從中取出一部分錢作為酬謝,何岳說:「撿到錢而沒有人知道,就可以算是我的東西了,我連這些都不要,又怎麼會貪圖這些錢呢?」那人道謝後就高興地走了。

後來,何岳因為有學識,一位做官的人慕名請他到家中教孩子讀書。

過了兩年,那官吏全家有事要去京城,就將一個箱子寄放在何岳那,裡面有黃金數百兩。官吏說:「我今後回來取。」

官吏全家去了京城許多年,沒有一點音信。何岳經常把那箱子打掃乾淨、收藏好,還擔心被小偷偷竊。

後來聽說官吏的侄子為了公事南下,但並非來取箱子。何岳就背著箱子跋山涉水找到官吏的侄子,並託他把箱子帶給官吏。

那官吏收到箱子後,就想:秀才何岳,只是一個窮書生。自己的金錢寄放在他那數年,他卻一點也不動心,憑這一點就可以看出他是一個品德高尚的人。於是,官吏就向皇帝推薦了何岳,何岳也因此當上了官,並成了一位好官。

樂樂爸爸:「樂樂,這個故事叫《何岳兩次還金》,看完這

小學生也看得懂的經濟學
培養孩子成為理財高手

個故事後,你有什麼想法呢?」

樂樂點點頭,有點不好意思地說:「有。我明天把它帶回學校去,交給老師。」

樂樂爸爸:「好! 樂樂真是個乖孩子! 從這個故事中明白了道理,只要不是自己的東西,我們就不能要! 我們不能貪別人的便宜! 如果你很喜歡這個機器人,等你過生日的時候,我可以送你一個,到時你自己去選怎麼樣?」

樂樂很高興地答應了。

樂樂爸爸:「樂樂,你說明天那個找回自己玩具的小朋友會怎麼想呢?」

樂樂說:「那個小朋友可能會說『咦,昨天弄丟了的玩具怎麼今天又找到了呢?』 他肯定會非常高興。」

樂樂爸爸:「如果一位老奶奶去看病,在路上錢掉了找不回來,就沒法治病,那有多危險。今後撿到的東西要還給失主,找不到失主就交給老師。」

樂樂回答:「好。」

樂樂爸爸:「樂樂,我們每個人都應從小養成拾金不昧的好品德。你自己丟了東西再也找不到了,就會很傷心,同樣的,別人丟了東西和錢,也會和你一樣很傷心,是不是?」

樂樂:「是。」

第二部分 小學階段
12. 撿來的玩具

　　樂樂爸爸:「爸爸媽媽給你買的、爺爺奶奶送你的,就是你的,今後你一定要保管好自己的東西,愛惜自己的東西,知道嗎?」

　　樂樂:「知道了。」

　　樂樂爸爸:「你在其他小朋友那借的東西,比如上次借春春的變形金剛,玩幾天後就要還給春春,這就是『有借有還,再借不難』。」

　　樂樂:「上次仔仔就不把小汽車借給我。」

　　樂樂爸爸:「仔仔不把小汽車借給你,也是正常的,他很喜歡他的小汽車,他怕你給他弄壞了。今後記住,學校的玩具、書不要拿回家,那是公共物品,是學校花錢買的,讓所有的小朋友都可以玩和看,我們每個人都有責任愛護,未經允許是不能拿回家的,知道嗎?」

　　樂樂:「知道了。」

小學生也看得懂的經濟學
培養孩子成為理財高手

13. 為什麼有這麼多銀行？

回家的路上，樂樂看著車窗外五光十色的招牌不停地念叨。樂樂突然問：「爸爸，街上為什麼會有那麼多銀行？有玉山銀行、中國信託，還有國泰世華。」

樂樂爸爸：「我們有幾十家銀行，每家銀行又有幾十或上百個營業據點。」

樂樂：「難怪每條街上都有銀行。」

樂樂爸爸：「大的銀行在國外都有分行，國外的銀行在我們這裡也有分行。等下看見了就告訴你。」

車子行進了 10 分鐘，在經過一個廣場時，樂樂看見了花旗銀行的招牌，他很興奮。

樂樂爸爸：「樂樂，你看見的這些銀行有什麼不同呢？」樂樂：「銀行的名字不同，但是都有『銀行』兩個字。」

樂樂爸爸：「對的，每個銀行都有自己的名字和標示。你看玉山銀行的標示就像一座山。」

第二部分 小學階段
13. 為什麼有這麼多銀行？

樂樂：「對對對。」

樂樂爸爸：「同一家銀行的標誌是一樣的，它們每個分行的招牌都一樣。發現沒有？」

樂樂：「看見了，國泰世華的招牌就很好看。」

樂樂爸爸：「樂樂，你知道這些銀行是幹什麼的嗎？」樂樂：「就是存錢、領錢的地方。」

樂樂爸爸：「對，這些銀行除了存錢和領錢，還辦理貸款、匯兌等。這麼多銀行，彼此之間還要競爭，所以銀行的服務態度都很好。」

樂樂：「就是啊，上次我和媽媽去銀行還可以喝水，還有糖吃，我最喜歡去銀行了。」

樂樂爸爸：「銀行服務態度好，是因為存款是自願的、提款也自由的。錢是我們的個人財產，存不存在銀行是自願的，存在哪一家銀行也是自己選擇的。所以銀行就要想方設法讓大家存提款都方便。」

樂樂：「難怪銀行有糖吃。」

樂樂爸爸：「現在這些銀行都有 ATM、手機銀行和網路銀行，很多業務都不用去臨櫃辦理了，你就吃不到糖了。」

樂樂：「知道，媽媽在家上網就可以看薪水發了沒。」

樂樂爸爸：「對，網路銀行通過網路為人們提供帳戶查詢、轉

小學生也看得懂的經濟學
培養孩子成為理財高手

帳匯款、線上付款等金融服務,還提供買賣基金、國債、黃金、外匯、理財產品,以及代理繳費等功能服務,能夠滿足大家的各種服務需求。你看我們在家就可以交水電費。」

樂樂:「好方便。」

樂樂爸爸:「現在 ATM 已經不新鮮了,在辦公大樓、便利商店、捷運站、購物中心或機場都有。那樂樂你覺得 ATM 有什麼好處呢?」

樂樂:「我看見過,ATM 的好處就是晚上都可以存錢和領錢。」

樂樂爸爸:「對的,樂樂觀察得很仔細,銀行就是為了讓大家方便。」

第二部分 小學階段
14.「吐錢」的櫃子不靈了

14.「吐錢」的櫃子不靈了

一個星期天，樂樂一家人逛商場。樂樂看中了一個遙控模型船，纏著媽媽買給他。

樂樂媽媽：「樂樂，今天不買玩具。媽媽買了衣服，沒有錢了。」

這時樂樂說：「可以刷卡呀，卡裡不是有錢嗎？」

樂樂爸爸突然意識到，樂樂認為金融卡裡的錢可以隨便用，怎麼用都用不完。

樂樂爸爸想了一下說：「樂樂，金融卡實際上並不產鈔票，它就像一個大存錢罐一樣，為了安全，我們把工作賺來的錢存在裡面。你從提款機裡領錢，實際上就是從自己存進去的錢當中領一部分出來，如果錢領完了，你就不能再讓它吐鈔票了，就像你的存錢罐空了一樣。」

樂樂：「剛剛媽媽就刷卡了。」

樂樂爸爸：「提款機雖然是一個會『吐』錢的櫃子，但不是每個人插進一張卡，櫃子就把錢給你『吐』出來。」

53

小學生也看得懂的經濟學
培養孩子成為理財高手

　　樂樂爸爸和樂樂來到商場的取款機邊。

　　樂樂爸爸教樂樂把卡插進取款機里，機器提示輸入密碼，樂樂爸爸輸入了密碼，然後查詢餘額，結果顯示餘額為 300 元。

　　樂樂爸爸對樂樂說：「你看卡上面的錢不到 1000 元，買不了玩具。」

　　樂樂：「哎，錢不夠了。」

　　樂樂爸爸：「卡有很多種，一種就和爸爸的卡一樣，裡面要有錢才能用，如果卡裡餘額不夠，卡就不能使用了，這種就是金融 VISA 卡。另外一種是信用卡，雖然裡面沒有錢，但也可以用，本質就是找銀行借錢，但用過之後要在規定的時間內，把錢還給銀行。」

　　樂樂：「爸爸，那你快去存點錢。」

　　樂樂爸爸：「今天我們就不買玩具了。」樂樂：「你用手機也可以付錢嘛。」

　　樂樂爸爸：「手機裡也不是自己就有錢的，是爸爸媽媽先把薪水放進手機裡才有錢的。」

　　樂樂只得悻悻地跟著爸爸回家。

　　在回家的路上，樂樂爸爸繼續給樂樂講：「金融卡和手機裡的錢用起來方便，不需要把錢帶在身上，以免被小偷偷走，錢放在裡面比較安全。」

第二部分 小學階段
14.「吐錢」的櫃子不靈了

樂樂:「那金融卡和手機被偷了怎麼辦?」

樂樂爸爸:「金融卡和手機如果被偷了,小偷不知道密碼,他就不能提款或使用,錢還在裡面。剛才你不是看見我輸入密碼了嗎?」

樂樂:「看見了,機器還說,『請注意遮擋密碼』。」

樂樂爸爸:「樂樂真聰明,如果金融卡弄丟了,需要到銀行去補辦一張卡。如果現金掉了就很難找回來了。」

樂樂:「那以後我也要辦張卡。」

小學生也看得懂的經濟學
培養孩子成為理財高手

15. 存錢靠堅持

春節期間,樂樂和爸爸去麥當勞吃東西。

準備點餐的時候,樂樂激動地說自己要點很多吃的,樂樂爸爸就對樂樂說:「夠吃就行了,不要浪費。」

樂樂一臉滿不在乎的樣子,說:「沒關係,我有很多壓歲錢呢!」

樂樂爸爸:「我們回家還要吃晚飯,你現在就少吃點,解解饞就行。壓歲錢已經存起來了。」

樂樂吃著雞腿,喝著飲料,一副心滿意足的神態。吃完後,樂樂和爸爸走在回家的路上。

樂樂爸爸:「樂樂,我們一會到家一起看一個關於麥當勞的故事吧!」

麥當勞是雷克羅克於 1902 年在美國芝加哥創辦的。現在,麥當勞集團有 3 萬多家速食店,分佈在全球 120 多個國家和地區。

有一位叫瓊森的英國人,大學畢業後開始打工。瓊森看準了美

第二部分 小學階段
15. 存錢靠堅持

國連鎖速食文化在英國的巨大發展潛力，決意要不惜一切代價在英國開麥當勞。麥當勞是聞名全球的連鎖速食公司，採用的是特許連鎖經營機制，當時特許經營資格是要有 75 萬美元現金和一家中等規模以上的銀行的信用支持。

瓊森只有不到 5 萬美元的存款，他絞盡腦汁東挪西借，但事與願違，5 個月之後，他只借到 4 萬美元。面對巨大的資金落差，要是一般人，也許早就心灰意冷、前功盡棄了。然而，瓊森卻有對困難說不的勇氣和銳氣，他偏要迎難而上，下定決心要實現自己的願望。

於是，在一個風和日麗的春天的早晨，他西裝革履、滿懷信心地走進倫敦銀行總裁辦公室的大門。瓊森以極其誠懇的態度，向對方表明了他的創業計劃和求助心願。在耐心細緻地聽完他的表述之後，銀行總裁做出了「你先回去吧，讓我再考慮考慮」的決定。

瓊森聽後，心里掠過一絲失望，但馬上鎮定下來，他懇切地對總裁說了一句：「先生，可否讓我告訴你我那 5 萬美元存款的來歷呢？」

銀行總裁同意了。

瓊森說道：「那是我 6 年來按月存款的收穫。6 年來，我每月堅持存下打工賺的薪水，雷打不動，從未間斷。6 年來，無數次面對過度緊張或手癢難耐的尷尬局面，我都咬緊牙關，克制慾望，硬

小學生也看得懂的經濟學
培養孩子成為理財高手

挺了過來。我早就立下宏願，要以 10 年為期，存夠 10 萬美元，然後自創事業，出人頭地。現在機會來了，我想要提早開創事業」

瓊森一口氣講了 10 分鐘，總裁越聽神情越嚴肅，並問明了瓊森存錢的那家銀行的地址，然後對瓊森說：「好吧，年輕人，我下午就會給你答覆。」

送走瓊森後，總裁立即驅車前往那家銀行，親自瞭解瓊森存錢的情況。櫃臺小姐瞭解總裁來意後，說了這樣幾句話：「哦，是問瓊森先生嗎？他可是我接觸過的最有毅力、最有禮貌的一個年輕人。6 年來，他真的是風雨無阻地準時來我這存錢。老實說，這麼嚴謹的人，我真是佩服得五體投地！」

聽完櫃臺小姐的介紹後，總裁大為高興，立即打通了瓊森家裡的電話，告訴他倫敦銀行可以毫無條件地支持他創建麥當勞事業。

樂樂爸爸：「樂樂，你知道銀行總裁為什麼貸款給瓊森嗎？」

樂樂：「瓊森存錢的事情打動了銀行總裁。」

樂樂爸爸：「對，銀行總裁相信瓊森是個有信用、有毅力的人，相信他會成功並還錢的。那樂樂的壓歲錢要不要也存起來，從現在開始養成存錢的習慣呢？」

樂樂聽懂了，有些羞愧地說：「我也要節約，存錢是靠堅持的。」

樂樂爸爸表揚了樂樂。

第二部分 小學階段
16. 一枚錢太少

16. 一枚錢太少

暑假，樂樂爸爸帶著樂樂到雲南旅遊，他們路過虹溪鎮，那里是清末紅頂商人——王熾的故鄉，並在那里看到三代一品誥封石碑坊。

樂樂：「爸爸，王熾建成了中國第一座水力發電站——石龍壩水力發電站。」

樂樂爸爸：「對，這些介紹你要看仔細，可以瞭解很多的知識。」

樂樂和爸爸都認真地觀看。

樂樂：「還有叫『錢王』的人呢？」

樂樂爸爸：「對呀，因為當時王熾是雲南的富商。我們一起來看王熾的故事。」

王熾出生於1836年，由於父兄早逝，家計甚窘，少年的王熾不得不放棄讀書，靠母親紡織為生。後來王熾拿著母親變賣首飾和衣物湊得的20兩銀子，出門學做生意。他憑著勤勞和機敏，不久

小學生也看得懂的經濟學
培養孩子成為理財高手

就積攢了很多銀子，後來還開了同慶豐錢莊。

有一天，外面下著綿綿細雨，王熾開的同慶豐錢莊總號大店之內，人來人往，熙熙攘攘。

此時一個衣衫襤褸的花甲老者攜著一個六七歲的黑衣孩童走了進來，孩童臉上也髒兮兮的。櫃前，一個衣著光鮮的小伙計正忙著算帳，見了他們，頭都沒抬一下就問：「存錢嗎？」

老人枯樹皮似的雙手顫巍巍地捧上一枚油跡斑斑的銅錢。小伙計笑了：「你是要飯的吧？」

老人說：「我活不了幾天了，膝下只有一孫，想給他存點錢，等我一死，好讓他還有幾天飯吃。」

小伙計稱：「一枚錢太少，攢多了再來吧。」

老人道：「錢莊為什麼不讓人存錢呢？你們行行好，就當可憐我們吧！」他蒼白的鬚髮抖動著，面帶悲色。然而不管老人怎樣低聲哀求，小伙計就是不答應。

無奈之下，老人與孩子傷心流淚，望著大廳正中的「信義天下」四個濃濃的墨字黯然離去。

第二天，不利於同慶豐的謠言開始多了起來，在當地引起巨大反響，同慶豐的客戶也恐慌不已，對錢莊產生了可怕的信任危機，於是紛紛擁到同慶豐提現銀存到別家錢莊。

王熾瞭解了這個事件的來龍去脈，他痛心疾首：「人無信而不

第二部分 小學階段
16. 一枚錢太少

可以立呀！」最後，他毅然決定，開除那個觸犯錢莊約法的小伙計，扣發主管人員半年薪水，並讓下人全城搜尋行乞的爺孫兩人。

王熾親自出馬，率領錢莊全體人員在大門前將老人和孩子迎進店中，向他們誠懇道歉，為他們那一文錢設立了一個特殊帳號，開出了票據，並給了高出別人 10 倍的利息，以示誠意。

此後，人們對同慶豐的誤會才漸漸消散，對王熾的表現深為欽佩，給予了高度評價，稱他信用有加，不愧為商壇巨擘。於是大量的銀子又源源不斷地流入同慶豐錢庫。王熾的這一英明之舉挽救了他的商業帝國。

樂樂爸爸：「樂樂，你怎麼看這個故事？」

樂樂：「小伙計不應該嫌棄老人家錢少就不讓他存錢。」

樂樂爸爸：「樂樂聰明，錢都是積少成多，銀行也是一樣的，將很多人存的錢加起來存款就多了，就變成大銀行了，人們就會對這樣的銀行更加信任。」

樂樂：「是的。」

小學生也看得懂的經濟學
培養孩子成為理財高手

17. 點石成金

一天，樂樂和爸爸從遊樂園玩了出來後，走在街上。

樂樂看見一個叫「點石成金」的課外學習培訓學校的廣告：「四大優勢，選校提醒」、「衝刺有方法，簽約有保障」、「用成績說話，用事實說話」等。

樂樂：「爸爸，你看在這個學校讀書的人，好多都考上了好大學，還得獎。」

樂樂爸爸：「這是培訓學校，是收錢的補習班。」樂樂：「它們為什麼叫『點石成金』呢？」

樂樂爸爸：「這主要是彰顯他們的補習水準很高，有點石成金的效果，能把成績很差的學生培養成成績很好的優秀學生。」

樂樂：「那我也到這來學習，成績就好了。」

樂樂爸爸：「如果他們能把全部孩子都教成成績好的學生，那他們學校的學生都坐不下下了，還用到處打廣告嗎？你想一想。」

樂樂：「原來是騙人的？」

第二部分 小學階段
17. 點石成金

　　樂樂爸爸:「補習班都是要收錢的,是利用課外時間來補習的。你只要在學校認真學習,上課的時候認真聽講,學懂了就不用補習。你知道點石成金這個成語的意思嗎?」

　　樂樂:「不知道。」

　　樂樂爸爸:「點石成金的意思是運用仙道將鐵石變成黃金,現在比喻修改文章,化腐朽為神奇。我們一起來看一個關於點石成金的故事。」

　　晉朝的時候,旌陽縣曾有過一個道術高深的縣令,叫許遜。他能施符作法,替人驅鬼治病,百姓見他像仙人一樣神,就稱他為「許真君」。

　　有一年,由於天災,莊稼收成不好,農民交不起賦稅。許遜便叫大家把石頭挑來,然後施展法術,用手指一點,石頭都變成了金子。這些金子補足了老百姓拖欠的賦稅。

　　樂樂:「我要是能點石成金就有用不完的錢了。」

　　樂樂爸爸:「這是古代的神話故事,不是真實的。我們不能有不勞而獲的想法,要靠自己的本領和勞動來獲得錢財。」

　　樂樂:「知道了。」

　　樂樂爸爸:「點石成金也有積極的一面,就是我們學習和做事情的方法很重要,只有運用科學的方法才會取得好的效果。」

小學生也看得懂的經濟學
培養孩子成為理財高手

18. 買樂透能中大獎嗎？

樂樂家附近的彩券行門口有個螢幕上經常滾動播出中大獎的消息。

有一天，樂樂和爸爸經過彩券行，樂樂說：「爸爸，我們去買樂透吧。」

樂樂爸爸：「你為什麼想買樂透呢？」

樂樂：「買樂透能中大獎，中了大獎就有很多錢。」

樂樂爸爸：「你知道樂透是怎麼一回事嗎？」

樂樂：「知道，先給老闆 50 塊錢。你自己寫幾個號碼，老闆再幫你列印一張你選的號碼的單據。接著就等電視上和報紙上登出來用開獎機開出的幾個號碼，如果你選的數字和開出的號碼完全一樣就中大獎了。我看每天有很多人買，我們也去買幾張吧。」

樂樂爸爸：「樂樂對流程很熟呀！不過，買樂透中獎的人很少，大部分人都不能中獎。」

樂樂：「那怎麼會有那麼多人去買呢？」

第二部分 小學階段
18. 買樂透能中大獎嗎？

樂樂爸爸：「公益彩券或運動彩券是從大家買彩券的錢當中拿出一部分來當作獎金，剩餘的錢，國家用來做社會福利、體育等事情，大多數人買彩券是不會中獎的。如果你很感興趣，那你可以去買兩張。」

樂樂和爸爸走進彩券行，樂樂：「我們寫什麼號碼才能中獎呢？」

樂樂爸爸：「你就寫你喜歡的數字就行。」

在回家的路上，樂樂一直拿著買來的兩張彩票，隔一會兒就看兩眼。

樂樂：「爸爸，我們運氣好的話就能中大獎。」

樂樂爸爸：「樂樂說的對，彩票中獎全靠運氣，所以不要太在意。如果沒有中獎，也算給社會福利、體育的發展做貢獻。」

樂樂：「但是大家都想中大獎。」

樂樂爸爸：「彩券在兩千年前的古羅馬就開始流行了。中國南宋時期也有類似形式的博彩。」

樂樂：「剛才賣彩券的地方就經常有人中幾萬元的獎。」

看見樂樂滿心想中大獎的樣子，樂樂爸爸對樂樂說：「彩券本身是為了公益福利，大部分人是為了體驗一下，覺得好玩，但是有一些人為了一夜暴富，不惜花很多的錢，那就不對了，這樣做不僅影響家庭的正常生活，有時甚至把用於孩子教育的錢都買了彩券，

小學生也看得懂的經濟學
培養孩子成為理財高手

結果自己的孩子沒法去上學。你願不願意呢？」

樂樂：「不願意，不讀書不行。」

樂樂爸爸：「有些人有了一夜暴富的賭徒心態後，就成天想著不勞而獲，結果暴富不成，反而讓自己和家庭都陷入困境。」

樂樂若有所思地點點頭。

樂樂爸爸：「買樂透要保持一顆平常心，不能讓巨額獎金的誘惑影響正常的工作生活。你看彩券行都提醒大家正確看待樂透。」

樂樂：「大家都想發財。」

樂樂爸爸：「一些人看見別人中大獎了，總想著自己說不定也能中大獎，結果造成很多悲劇。每個人意識裡或多或少都有一定的『賭博』心態，希望能夠以很小的代價贏得大的回報。這種心態風險很大。從自己的閒錢中拿出很小的一部分去購買樂透，即使沒中獎，也能夠保持平和的心態。樂樂，你覺得呢？」

樂樂：「嗯，不能因為買樂透，影響正常生活。」

樂樂爸爸：「我們要想有很多錢，主要還是要靠全家人一起共同努力，一分耕耘一分收穫。」

19. 吃雞腿送玩具

最近一放學，樂樂老是喊著要去肯德基拿玩具。

樂樂：「爸爸，今天我在學校很乖，你可以帶我去肯德基嗎？玩具不用花錢呢！」

樂樂爸爸突然發現樂樂最近常常用「表現好」來讓自己獎賞他，長久下去會使他的這種行為越來越嚴重。

樂樂爸爸心裡想著要怎麼和樂樂說明，於是答應了樂樂帶他去肯德基吃東西。

到了店裡，樂樂和往常一樣，點了炸雞套餐後，拿著附送的小玩具，美滋滋地玩起來。

樂樂爸爸：「樂樂，你每次來肯德基都特別開心呢。」

樂樂說：「那當然了，這裡不僅可以吃雞腿，還有免費的玩具可以拿呢！」

樂樂爸爸笑著說道：「這裡的玩具並不是免費的，是算在套餐價格裡的。你不吃套餐裡的薯條，本來可以不買薯條。」

小學生也看得懂的經濟學
培養孩子成為理財高手

　　樂樂：「可是點套餐比單點划算啊！」

　　樂樂爸爸：「樂樂，咱們一起來算。你單點雞腿花 65 元，肯德基可以賺 5 元。現在你點 125 元的套餐，肯德基賺了 65 元，就比原來多賺 60 元。這個免費送的玩具只值 20 元，他們還是多賺你 40 元，所以玩具其實還是我們自己花錢的，這就叫『羊毛出在羊身上』。」

　　樂樂：「什麼叫羊毛出在羊身上？」

　　樂樂爸爸：「意思是表面上給了我們好處，但實際上這好處已附加在我們付出的代價裡。就像你得到了一個玩具，實際上還是我們自己出的錢。」

　　樂樂：「哦，那下次我就只吃漢堡吧。」

　　樂樂爸爸：「每回你把玩具拿回家都亂丟，玩一兩次就再也不想玩了，這種速食店免費附送的玩具品質都不算好，也沒什麼創意。」

　　樂樂聽了，安安靜靜地沒說一句話。

　　「肯德基和麥當勞這些速食店其實也是玩具公司。」樂樂爸爸說。

　　「真的嗎？」樂樂睜大眼睛問。

　　「這些玩具不就是速食店賣的嗎？雖然它們不製造玩具，但每次去點套餐都會送不同的玩具，所以小朋友就會一直來吃。你說這

第二部分 小學階段
19. 吃雞腿送玩具

是不是一種很聰明的賣法呢?」

樂樂眼睛閃閃亮亮:「真的呢!」

樂樂爸爸:「其實,這是一種促銷手段,目的就是利用玩具吸引你多消費。」

「上回麥當勞買兒童餐送的文具,你還弄丟了,一點也不愛惜。因為你覺得反正都是免費的,還會再送的。這是不對的想法。你看你現在都還沒有養成把文具歸位的習慣,玩具是這樣,文具也是這樣的。」爸爸頓了一下。

樂樂很不好意思地把頭垂得低低的。

「所以『免費』這兩個字讓你學會了浪費。這是不好的習慣,要慢慢改過來。」

樂樂懂事地答應著:「那我下次不要這玩具套餐了。」

小學生也看得懂的經濟學
培養孩子成為理財高手

20. 開源和節流哪一個更重要？

有一天，樂樂問：「爸爸，開源節流是什麼意思？」

樂樂爸爸：「開源就是開拓財源，靠自己的智慧和本領，去賺錢，去創造財富；節流就是節省開支，對生活中不必要的花銷盡量節省。一個人做到這兩個方面，錢就多了，生活也更寬裕。」

樂樂：「那開源和節流哪一個更重要呢？」

樂樂爸爸：「都重要。一方面要先有本事去賺很多的錢，才有可能累積財富，但是，即使你賺了很多錢，不節約，亂花錢，那賺來的錢很快就花光了。另一方面，如果你只是節約用錢，不會賺錢，那就更沒有希望成為有錢人了。」

樂樂：「那你還是沒有說哪一種更重要呢！」

樂樂爸爸：「如果非要說開源和節流哪一個更重要的話，我認為應該是開源，錢是賺來的，不是靠克扣自己存下來的，所以你要學會賺錢的本領，知道了嗎？」

樂樂：「知道了！」

第二部分 小學階段
20. 開源和節流哪一個更重要？

樂樂爸爸：「我們一起來看一個故事你就更明白了。」

從前，在一座山下，住著一個叫吳成的農民，他一生勤儉持家，日子過得無憂無慮，十分美滿。

相傳他臨終前，曾把一塊寫有「勤儉」兩字的橫匾交給兩個兒子，告誡他們說：「你們要想一輩子不受饑挨餓，就一定要照這兩個字去做。」

後來，兄弟倆分家時，將匾一鋸兩半，老大分得一個「勤」字，老二分得一個「儉」字。老大把「勤」字恭恭敬敬高懸家中，每天「日出而作，日落而息」，年年五谷豐登。然而他的妻子過日子卻大手大腳，孩子們常常將白白的麵餅吃了兩口就扔掉，久而久之，家裡沒有一點餘糧。

老二自從分得半塊匾後，也把「儉」字當作「神諭」供放中堂，卻把「勤」字忘到九霄雲外。他疏於農事，又不肯精耕細作，每年收穫的糧食就不多。儘管一家幾口節衣縮食、省吃儉用，但也難以持久。這一年遇上大旱，老大、老二家中都早已空空如也。

他倆情急之下扯下字匾，將「勤」「儉」二字踩碎在地。這時候，突然有紙條從窗外飛進屋內，兄弟倆連忙拾起一看，上面寫道：「只勤不儉，好比端個沒底的碗，總也盛不滿！ 只儉不勤，坐吃山空，一定要挨餓受窮！」兄弟倆恍然大悟：「勤」「儉」兩字原來不能分家，它們相輔相成，缺一不可。

小學生也看得懂的經濟學
培養孩子成為理財高手

　　吸取教訓以後，他倆將「勤儉持家」四個字貼在自家門上，提醒自己，告誡妻室兒女，身體力行，此後日子過得一天比一天好。

　　樂樂爸爸：「簡單地說，開源就是想辦法增加收入，節流就是盡量減少支出。一來一往就可以更快速地累積財富。節約還好控制，開源是有條件的，除了不怕吃苦，還要擁有智慧、毅力、方法等才能收穫財富。所以你要好好學習，增強自己的本領。知道嗎？」

　　樂樂：「原來開源和節流是兩個不可分的兄弟，缺一不可。」

第二部分 小學階段
21. 第一份零用錢合約

21. 第一份零用錢合約

樂樂上小學一段時間後，樂樂的爸爸和媽媽商量準備開始每個星期給樂樂零用錢。

在給零用錢之前，他們把樂樂叫到一起和他商量。

樂樂媽媽：「樂樂，從現在開始，我們準備每週給你零用錢，但是，先要和你簽一個合約，怎麼樣？」

樂樂：「好呀！那為什麼給零用錢要跟買房子一樣簽合約呢？」

樂樂媽媽：「簽一個合約，就是把我們每週給你多少錢、你該怎麼用、哪些東西不能買等內容寫下來，我們和你一起遵守。一會兒我們就來商量，行不行？」

樂樂聽到爸爸媽媽要給零用錢，高興得什麼條件都答應了：「好，那我每個星期能有多少錢呢？」

樂樂媽媽：「我們先把合約定下來，你要按照合約上要求的去做，我和爸爸也按合約要求來做，這就是合約的作用，你看買車子、

小學生也看得懂的經濟學
培養孩子成為理財高手

買房子都要先簽合約。」

樂樂很不甘願地說:「好吧。」

樂樂媽媽:「我們這學期每週一給你 100 元零用錢,你要存 20 元。剩下的 80 元,你要用一個星期,可以用來買吃的和小的文具。」

樂樂:「太好了,我有自己的零用錢了!」

通過與樂樂的協商,樂樂媽媽製作了一份簡單的合約,雙方還像模像樣地簽上了名字。

樂樂媽媽:「樂樂,你以後就要按照這個合約行事,要遵守規則,知道了嗎?要做一個講信用、有誠信的孩子。」

樂樂高興地與爸媽簽了零用錢的合約,領了他的第一筆零用錢,還問了他不懂的儲蓄獎勵的事情。

樂樂爸爸看見樂樂高興地拿著零用錢,對樂樂說:「樂樂,過來,我們一起來看一個關於合約的故事。」

有個農場主的葡萄熟透了,如果今天不把葡萄全部摘完的話,葡萄就會爛掉,而他自己無法在一天內把葡萄全部摘完。於是他就在市場上找了一群人,對他們說:「如果你們能在今天幫我把葡萄全部摘完,我就給你們每人一個金幣。」這群人聽後非常高興,就跟這個農場主來到葡萄園裡摘葡萄。

中午的時候,農場主發現葡萄很多,這些人不可能在一天內把

第二部分 小學階段
21. 第一份零用錢合約

葡萄全部摘完,於是他又到市場上找了一群人,對他們說:「如果你們能在今天幫我把葡萄全部摘完,我就給你們每人一個金幣。」這群人聽後也非常高興地跟這個農場主來到葡萄園裡摘葡萄。

下午 2 點鐘左右的時候,這個農場主發現這些人雖然非常賣力地摘葡萄,但他們還是不可能在一天內把葡萄全部摘完。於是他又到市場上找了一群人,對他們說:「如果你們能在今天幫我把葡萄全部摘完,我就給你們每人一個金幣。」這群人聽後也非常高興地跟這個農場主來到葡萄園裡摘葡萄。

當日落西山的時候,葡萄終於全部摘完了。農場主把最後一批人叫過來,給了他們每人一個金幣,於是這群人非常高興地走了。他又把第二次招來的人叫過來,給了他們每人一個金幣,這群人並沒有表現得非常高興,但沒有說什麼,也走了。當他把第一次招來的人叫過來,給他們每人一個金幣的時候,這些人不高興了。他們說:「為什麼我們做得事比後來的這些人多,還是只給一個金幣呢?」

樂樂爸爸:「看到這個故事的人都有與第一批人同樣的感受——覺得不公平。如果你是第一批工人中的一員,你認為這件事公平嗎?」

樂樂:「不公平。」

樂樂爸爸:「這個故事中,每一批人的勞動協議都是工人與農

小學生也看得懂的經濟學
培養孩子成為理財高手

場主雙方認可的。不過工人沒有意識到農場主的風險：葡萄如果摘不完就會爛掉，農場主會損失慘重。當風險逼近的時候，任何人都會選擇付出比平時更大的代價來規避風險。事實上，正是因為第一批人不能夠在當天完成任務，農場主才增加了第二批人。這兩批人依然不能完成任務，農場主才不得不又增加第三批人。農場主多付出了兩批人的成本，卻使得沒能盡責的前兩批人感到不公平。但這個經濟活動是公平的。」

22. 金錢換不來友誼

　　樂樂放學回家，一副無精打采、心事重重的樣子。樂樂爸爸：「樂樂，今天遇到不高興的事情了嗎？」樂樂：「我的兩個好朋友不和我一起玩了。」

　　樂樂爸爸：「為什麼呢？」

　　樂樂：「他們現在都和天天玩，他們都聽天天的。」

　　樂樂爸爸：「是有什麼原因嗎？」

　　樂樂：「天天有很多零用錢，他經常幫同學買吃的和飲料，他現在好神氣，好多同學都成了他的『跟班』了。」

　　樂樂爸爸：「沒關係，同學之間互相幫助就行了。有的同學現在跟天天玩，是暫時看中天天的錢了，跟著天天可以有吃的喝的。」

　　樂樂：「有錢真好，你也多給我一點零用錢嘛。」

　　樂樂爸爸：「孩子啊，真正的友誼不是靠金錢來維持的，可以這麼說，用金錢是買不來真正的友誼的。如果天天的爸爸媽媽不給他錢了，他就沒有多少朋友了。」

小學生也看得懂的經濟學
培養孩子成為理財高手

樂樂爸爸：「金錢是辛勤的勞動換來的，金錢可以帶來一定的物質滿足，但是金錢不代表一切。幸福、成就、友誼和快樂等不是用金錢可以買到的。朋友交往是以志趣相投為前提的，不是以其中一人有錢有勢為標準的，特別是當一方失去錢財後，朋友就變成了陌路，這就不是真正的朋友。」

樂樂：「知道了。」

樂樂爸爸：「天天的爸媽給他很多零用錢，天天亂用，這也不是愛，愛不是用金錢來代替的。我們要養成合理的消費習慣，不能成為金錢的奴隸，你要記住金錢不能代表愛，金錢更換不來友誼和感情。」

第二部分 小學階段
23. 會推磨的存錢筒

23. 會推磨的存錢筒

有一天，樂樂回到家對爸爸說：「爸爸，給我買一個『有錢能使鬼推磨存錢筒』，行嗎？」

樂樂爸爸詫異地問：「什麼存錢筒？」

樂樂：「有錢能使鬼推磨存錢筒，我們班仔仔的爸爸在網上給他買的，你在那個存錢筒裡放入一個硬幣後，骷髏人就開始推磨，還會發出可怕的鬼叫聲，有時一邊推磨一邊唱歌，還要用英語唱一遍。」

樂樂爸爸：「樂樂，你知道有錢能使鬼推磨是什麼意思嗎？」

樂樂：「知道。那存錢筒有唱，『有錢，我可以為你做任何事情』！」

樂樂爸爸：「樂樂，這些加了新奇功能的撲滿，本身的創意倒是不錯。當大家見慣了普通的存錢筒後，這種有些新穎的存錢筒說不定賣得還不錯。」

樂樂：「是啊，有些同學還買了各種各樣會動的存錢罐呢！」

79

小學生也看得懂的經濟學
培養孩子成為理財高手

　　樂樂爸爸笑了笑：「我們一起來看一個故事。」

　　小刺蝟報來喜訊：「狐狸中了 500 萬大獎！」消息在動物世界一傳開，立刻在森林公園引起了**轟動**。羨慕不已的小動物殷勤地圍在狐狸的周圍，跳起了豐收舞曲。

　　突然，大灰狼大搖大擺地走了過來，強行「借」去了狐狸 4000 塊錢。狐狸心疼不已，「照這樣下去，這些錢不知道最後是誰的呢？」

　　看到凶猛的老虎慢悠悠地也要過來「借」錢，狡猾的狐狸眼珠一轉，說道：「如果你肯當我的保鏢，我一個月給你 5000 元！」財迷心竅的老虎自此夾起尾巴當起了「保鏢」，狐狸著實過了一段太平日子。

　　但那個有錢的狐狸不甘寂寞，他主辦了動物世界第一屆拳擊爭霸賽，而且還讓老虎故意「輸」給他。在賽場上，老虎被兄弟們嘲笑得恨不得找個地洞鑽進去，羞愧難當的老虎一怒之下爬起來將狐狸打倒在地，揚長而去。

　　小動物們拍手稱快：「金錢不能換來所有東西呀！」

　　樂樂爸爸：「故事中，老虎當狐狸的保鏢，是為了錢。大灰狼騙狐狸，名義上是借錢，實際為敲詐，也是為了錢。老虎與狐狸比賽，還是為了錢！ 故事裡的動物在金錢面前變得貪得無厭、毫無尊嚴。但是，有錢真的能使鬼推磨嗎，樂樂？」

第二部分 小學階段
23. 會推磨的存錢筒

樂樂:「沒有,在結尾時老虎不幹了。」

樂樂爸爸:「老虎在眾人的嘲笑聲中顏面掃地,不能讓金錢滅了自己的威風啊! 他爬起來一拳把狐狸打翻在地,這一拳,打碎了『暴發戶』 狐狸的美夢——狐假『虎』 威、狐假『錢』威。老虎做得對不對呢?」

樂樂:「老虎做得對。」

樂樂爸爸:「我們不能為金錢所迷惑,不能被金錢所奴役!錢很重要,但金錢不能換來所有東西。金錢可以買來豪宅、名車,但不能買來快樂、友誼、知識。」

小學生也看得懂的經濟學
培養孩子成為理財高手

24. 1塊錢要撿起來嗎？

有一天，樂樂找樂樂爸爸要了20塊錢去店裡買了一個冰淇淋，邊吃邊走。

樂樂爸爸問：「樂樂，冰淇淋多少錢？找錢呢？」

樂樂：「15塊，忘了找錢了。」

樂樂爸爸：「可能是你忘了拿了，回去找阿姨拿回來。」樂樂：「算了吧，5塊而已，又沒用。」

樂樂爸爸：「就算是1塊錢都很有用，5塊錢為什麼不拿回來呢？」

樂樂：「我再去拿的話，賣東西的阿姨會笑我。現在路上有人掉了1塊錢，都沒有人會撿起來的。」

樂樂爸爸：「樂樂，1塊錢也是錢，沒有人會笑你。如果別人因此笑你，那也是他們不對。」

樂樂：「1塊錢能發財？」

樂樂爸爸：「我說個『1文錢發財』的故事給你聽。」

第二部分 小學階段
24.1 塊錢要撿起來嗎？

　　清朝乾隆年間安徽有位少年奇才名叫鮑志道，他在 11 歲時便中斷學業，走上經商之路。

　　由於家貧，他出門時身無分文。母親便從箱櫃底層拿出一直珍藏著的志道嬰兒時的襁褓，將襁褓虎頭帽上鑲著的那枚「康熙通寶」銅錢取下，說道：「兒啊，這可是我們家僅剩的 1 文錢了，今天給了你，咱家的興旺就要看你了啊！」

　　鮑志道珍重地將這 1 文錢收在內衣夾層的口袋裡，含著熱淚踏上了通往異鄉的艱辛之路。鮑志道一路乞討，一邊幫人打工，一邊學習會計。然後利用積攢的錢開始做些小生意。

　　20 歲時，鮑志道來到揚州，當時一位大鹽商急需招聘一名經理，要求此人吃苦耐勞、精於核算。學過會計的鮑志道抓住機會，前去應徵。

　　第一天面試之後，大鹽商命伙計給每位應聘者一碗餛飩，說是犒勞。吃完後，大鹽商讓各位回去準備第二天的考試。孰知，第二天鹽商出了這樣幾道題：請回答昨日你所吃的餛飩共有幾只？有幾種餡？每種餡又各有幾只？應聘者被這樣離奇的試題弄得目瞪口呆，有的搖頭苦笑，有的後悔不已。

　　然而鮑志道憑借他 10 年從商的經驗，在昨日就預料到那碗餛飩的不尋常，所以他對著那碗餛飩細細地觀察。此時應付這幾道題自然是得心應手。結果不必說，他被聘用了。

小學生也看得懂的經濟學
培養孩子成為理財高手

聘用後，鮑志道經常和商場行家打交道，由於他肯於吃苦、勤於學習，業務素養迅速提高。憑著他超人的經營才幹，那位鹽商的經營大有起色，他自己也得到了豐厚的報酬。

經過幾年經理生涯，幾年的累積，他決定自己創業。因為他早已摸熟了市場行情，結交了許多社會各界的朋友，建立起了人際關係網，這些使他的事業很快走向成功。並且，他精明能幹、處事公允、急公好義，在業界的聲譽也日益高漲。

從只有1文錢的窮少年到富可敵國的大鹽商，鮑志道實現了無數徽州人的經商之夢，也成為徽商的傑出代表。

樂樂爸爸：「這個故事說明了哪怕是1塊錢也都很重要。一個人的財富都是慢慢累加起來的。」

樂樂爸爸接著說：「那5塊錢去不去找回來呢？」樂樂：「要，不然會變乞丐。」

樂樂爸爸和樂樂一起到冰淇淋店找回了那5塊錢。

第二部分 小學階段
25. 搖錢樹真的能長出錢嗎？

25. 搖錢樹真的能長出錢嗎？

一天，樂樂爸爸看報紙，報紙上說博物館裡在展示一株搖錢樹。

星期天，樂樂一家人特地去看這一株搖錢樹。快過年了，很多人都想來看看這株搖錢樹，討個吉利，所以博物館門口人很多。

「爸爸，為什麼這麼多人要來看搖錢樹呢？搖錢樹真的能長出錢嗎？」樂樂問。

樂樂爸爸：「那是美好的傳說。說這搖錢樹啊，只要搖一搖，樹上就會掉下很多錢呢！」

樂樂和爸爸參觀了博物館，特別仔細地看了搖錢樹。樂樂喃喃自語：「原來搖錢樹長這樣子的。」

樂樂爸爸：「現在展出的搖錢樹是古代的人做的，是希望自己做的生意幫自己帶來錢財、帶來好運的意思。」

在回程的火車上，樂樂爸爸對樂樂說：「樂樂，今天我們看了搖錢樹，我們一起來看個故事吧。」

小學生也看得懂的經濟學
培養孩子成為理財高手

很久很久以前，山下住了一位老人家和他的兩個兒子。哥哥每天都去工作，努力地種著水果樹。可是，弟弟整天都待在家裡睡覺。

有一天，老人家去世了，留下哥哥和弟弟。

弟弟跑來向哥哥說：「哥哥，爸爸留給我們的山坡和田地，我要田地。那大山坡就給你吧。」

「嗯，好呀！」哥哥點頭，同意弟弟的分法。

第二天，哥哥從家裡扛了一把鋤頭、一把斧頭，上山勞動。哥哥每天早起上山勞作，天黑了才回家。哥哥在山坡上種田施肥，都收穫了很多的水果和蔬菜，然後就拿到街上去買。而弟弟呢，還是在家裡睡覺，並沒有出門工作。所以田地裡長了很多雜草。

雜草又不能吃，所以弟弟就去找哥哥說：「哥，我餓了。我的田裡只長雜草，不長水果和蔬菜。我吃不飽。」

哥哥就給了弟弟不少的蔬菜和水果。

弟弟吃著水果想：「奇怪，為什麼哥哥的山坡長出這麼多的蔬菜和水果，而我的田裡卻沒有。」

第二天一早，弟弟跑去找哥哥：「哥哥，為什麼你的山坡老是長好作物，是不是爸爸給你留下了什麼寶貝啊？」

「嗯，寶貝？」哥哥想了想，說：「是啊，是有寶貝，爹給我留下一棵搖錢樹呐！」

弟弟：「什麼？搖錢樹？這搖錢樹是什麼樣啊？」

第二部分 小學階段
25. 搖錢樹真的能長出錢嗎？

　　哥哥：「搖錢樹嘛，兩個叉，每個叉上五個芽，搖一搖，就開金花兒，要吃要穿都靠它。」

　　弟弟聽了，就想把搖錢樹偷來，種到田地去，那可就發財了。

　　過了幾天，弟弟趁哥哥不在的時候上山坡去找搖錢樹。

　　「嘿，這棵樹上有兩個叉，每個叉上正好有著五個小樹芽。我找到啦！」弟弟高興得跳起舞來。趕緊把樹刨起來，帶回家。

　　弟弟把小樹扛在肩上，急急忙忙往家走，一邊走，一邊笑：

　　「哈哈哈哈，我得了一棵搖錢樹，我可以吃不愁，穿不愁了。」一到家，弟弟就把小樹種在院子裡，抱著小樹搖了起來，

　　他搖啊、搖啊，但樹上只掉落了幾片樹葉，什麼金子、銀子的都沒掉下來。

　　隔天，弟弟又餓了，只好跑去找哥哥。他對哥哥說：「哥哥啊，你家的搖錢樹，真能搖下錢來嗎？」

　　「能，能啊！」

　　弟弟紅著臉說：「我搖了你家的搖錢樹，但就只搖下葉子呢。」

　　哥哥一聽，覺得挺奇怪的：「你什麼時候搖過我的搖錢樹啦？」

　　「嗯，嗯，是這麼回事」弟弟臉又紅了，把偷哥哥家小樹的事說了。

　　哥哥一聽忍不住笑了：「哈哈哈，你這個傻瓜，我的搖錢樹，誰也偷不走啊！」

小學生也看得懂的經濟學
培養孩子成為理財高手

「啥,讓我看看好嗎?」弟弟好奇地說。哥哥把兩只手一伸:「你看吧!」

「在哪兒?」

哥哥:「我的搖錢樹就是我的兩只手,這手長得像兩個樹杈。杈上五個芽就是我手上的五個手指頭啊!」

弟弟越聽越糊塗:「手?手怎麼成了搖錢樹啦?」

「地是兩手開,樹是兩手栽,房是兩手蓋,衣服是兩手裁。日子要過好,全靠兩只手。」

樂樂聽著聽著笑了起來:「我們的手就是搖錢樹啊!」

樂樂爸爸:「是的,樂樂聽懂了。工作創造財富,我和媽媽只有認真地去上班才有收入,我們家才能過上美好的生活。」

26. 守財奴是什麼？

有一天，樂樂看完了葛朗臺的故事後就問：「爸爸，守財奴是什麼意思？」

樂樂爸爸：「那你覺得故事裡的葛朗臺是個什麼樣的人？」樂樂：「葛朗臺是個自私的人。」

樂樂爸爸：「對的，葛朗臺他自私、冷漠，對社會和家人不負責任。他的眼中只有金錢和財物，是不是？」

樂樂：「是的。」

樂樂爸爸：「他對他自己都很苛刻，自己捨不得用一分錢，對不對？」

樂樂：「對的，他吃爛果子。」

樂樂爸爸：「他就是一個守財奴，把自己當成錢財的奴隸，他這樣是不對的。人太吝嗇就不受人歡迎，人們都不會喜歡他，甚至是厭煩他。你願意做守財奴嗎？」

樂樂：「不要，我才不做守財奴呢！」

小學生也看得懂的經濟學
培養孩子成為理財高手

樂樂爸爸:「對,守財奴是做不好生意的,沒人願意與他打交道。」

樂樂:「那該怎樣花錢呢?不能太吝嗇,也不能太大方,好難啊!」

樂樂爸爸:「其實也不難,關鍵是要學會理性消費,削減不必要的支出。要養成『量入為出』的理性消費習慣。消費前多計劃、消費中巧省錢、消費後多記帳。不管錢多錢少,都要幫助別人。因為幫助他人不僅可以使他人擺脫困境,同時自己也會感到快樂。予人玫瑰,手有餘香,這就是給予的力量。」

樂樂:「我明白了,難怪媽媽總是教我要學會分享。」

27. 選寶遊戲

有一個週末，樂樂爸爸對樂樂說：「樂樂，我們來玩個遊戲，好嗎？」

「好！」樂樂高興地答應了。

樂樂爸爸找來一個盒子和 10 張卡片，在卡片上分別寫上：急救包、一件古董、5 萬塊錢、火柴、珠寶、鐵鍋、礦泉水、黃金、餅乾、羽絨衣，然後將這些小卡片放進盒子裡。

「樂樂，現在我們來做『選寶』遊戲。你先從盒子裡選出自己認為值錢和沒有價值的東西各兩樣。」樂樂爸爸說，「開始！」

樂樂開始選值錢的東西，他拿出來又放進去，終於選好了。樂樂爸爸看到樂樂選的值錢的東西是黃金和珠寶，沒有價值的是火柴和餅乾，然後問樂樂：「你為什麼這樣選呢？」

樂樂回答：「黃金、珠寶都很值錢，火柴和餅乾就很便宜。」

樂樂爸爸：「是的，這就是價格的區別。那要是一個人因為飛機失事掉到大海裡，漂到一個孤島上，這時候他應該選什麼呢，

小學生也看得懂的經濟學
培養孩子成為理財高手

樂樂?」

樂樂想了一會兒,說:「餅乾和急救包。」

樂樂爸爸:「對,這就要看自己的環境,有的東西在不同的環境中價值不同。在孤島上,錢、珠寶、黃金都沒用,那時候餅乾、急救包、火柴這些才最有價值。這個遊戲告訴我們:財富是相對的,價值多少不重要,關鍵是要對自己和社會有用。」

樂樂:「我們家有財富嗎?」

樂樂爸爸:「有,我們家的房子、汽車、錢等就是我們的家庭財富。」

樂樂:「那還有國家財富嗎?」

樂樂爸爸:「當然,世界上有窮國和富國的差別,就是因為國家的財富不一樣。國家的山、河、湖、海等是自然財富,所以我們要愛護環境。土地、城市、軍隊等這些也都是國家財富。樂樂爸爸:「一個國家和一個人除了要創造物質財富,更要有精神財富。精神的力量是人們奮鬥的支柱,是實現種種可能性和物質財富的動力。」

樂樂:「什麼是精神財富?」

樂樂爸爸:「如積極的精神態度、健康的身體、學習能力、做事情的能力等。樂樂,你知道一個人最重要的財富是什麼嗎?」

樂樂:「有很多的錢。」

第二部分 小學階段
27. 選寶遊戲

　　樂樂爸爸：「不對，雖然錢財重要，但與自己的生命比就很微不足道，拼著命去博取錢財是很不值得的。要記住『人為財死，鳥為食亡』的古訓。」

　　樂樂：「『人為財死、鳥為食亡』是什麼意思呢？」

　　樂樂爸爸：「我們一起來看一個故事吧。」

　　很久很久以前，有兩個貪婪的家伙上山燒木炭。挖炭窯時，挖出了一罈子財寶，他們好得意呀！於是其中一個說：「你回去帶中午飯來，我在這裡守著，挖到財寶的事不要跟任何人說。」

　　那個人爽快地答應了，於是下山拿午飯。回去的人要半個多時辰才能回來，於是，守在窯邊的人就思忖起來：這罈寶貝要是屬於我一個人該有多好啊，可還要分走一半，心有不甘啊！貪念既起，他又想：我何不這樣，就說出了事故，這罈寶貝就全歸我了。他拿定主意，專等送飯人來。

　　話說下山取飯的人，也打著獨吞財寶的主意，尋思何不在飯裡放些毒藥，打發那個人就行了，自己可以獨享財寶，因此十分得意。

　　中午飯終於送過來了，可一個不留神，守窯人一鋤頭就結束了送飯者的小命，他得意地享受著美餐，沒吃幾口，人就倒在地上，飯也灑了一地。

　　幾只小鳥飛過，停下啄了幾口飯，也死了。

　　一位神仙路過，看到此情此景，嘆息道：「人為財死，鳥為食

小學生也看得懂的經濟學
培養孩子成為理財高手

亡啊!」

　　樂樂爸爸說道:「樂樂,你怎麼看這個故事呢?」樂樂:「這個故事告訴我們,生命比錢財重要。」

　　樂樂爸爸:「對,生命才是自己最大的財富。『人為財死,鳥為食亡』 是俗語。本意是人為了追求金錢,連生命都可以不要。鳥為了爭奪食物,寧可失去生命,引申意思是不管人還是動物,在難以保全生命的情況下會用盡全力去嘗試加以保全,以至於不擇手段。這個故事警示人們要正確對待金錢。金錢是很重要的流通品,是商品交換的介質,但生命對每個人來說是最重要的。切不可為了金錢付出一切,這是本末倒置,是不明智的做法。金錢只是財富的一種,健康、快樂、新鮮的空氣等都是金錢買不到的。」

第三部分 國中階段

28. 我們是房奴嗎？

有一天，樂樂問：「爸爸，我們家的房子是自己的嗎？」

樂樂爸爸：「是的，我們家的房子是爸爸媽媽買的。」

樂樂：「我們要繳房貸的嗎？」

樂樂爸爸：「要啊。」

樂樂：「那是怎麼繳房貸的呢？」

樂樂爸爸：「房貸大概的意思是向銀行借一部分錢，銀行向購房者發放住房貸款。現在比較流行貸款買房，這樣可以有更多資金應對生活中的其他風險。」

樂樂擔心地問：「電視上說貸款買房會變成房奴，也有很大的風險，那我們是房奴嗎？」

樂樂爸爸：「我們家不算房奴。房奴是人們抵押貸款購房後影響正常的家庭消費和生活。這樣容易有較大的還貸風險，還會影響生活品質。」

樂樂：「我們家的錢夠嗎？」

第三部分 國中階段
28. 我們是房奴嗎？

樂樂爸爸看了看樂樂，堅定地說：「夠！我們每個月收入的 15% 用來還房子的貸款，還剩 85% 的收入用來供你學習和我們全家的生活。」

樂樂放鬆地說：「還好，我們沒有風險，我們家不是房奴！」

樂樂爸爸：「買車子和房子都要花很多的錢，要根據每個家庭的收入情況和用途來確定，如果家裡錢不多，又要去抵押或貸款買車買房子，就會出現家庭資金緊張，到時就會成為房奴或車奴，一家人就會很焦慮，小孩也不會得到好的學習機會。」

樂樂：「那按貸款了房子，後來還不起錢怎麼辦呢？」

樂樂爸爸：「貸款都有一些風險，如果借了房貸後，每個月不能按時還款，房子就會被銀行拍賣，知道嗎？」

樂樂：「那我們該把錢存夠了再買房子。」

樂樂爸爸：「貸款買房也有好處。貸款買房可以讓我們提前住上好房子。如果等幾年再買房，有可能房價漲了，就不一定買得起了。」

樂樂：「那我們買對了。」

樂樂爸爸：「當然要考慮風險，如果工作穩定，收入也穩定，每個月銀行還款又不高，這個風險就可控。」

小學生也看得懂的經濟學
培養孩子成為理財高手

29. 為什麼低買高賣還賺不到錢呢？

一天，樂樂爸爸和樂樂媽媽在聊天：「你以為自己已經在地板上了，誰知道還有地下室；你以為自己已經在地下室了，誰知道還有地獄；你以為自己已經在地獄了，誰知道地獄還有十八層」

樂樂：「這是什麼笑話？」

樂樂爸爸：「這不是笑話，是炒股者的慘痛經歷，也是有的做生意的人出現虧損的原因。」

樂樂：「是什麼原因呢？」

樂樂爸爸：「大家都知道做生意是低買高賣，然後就賺錢了。」

樂樂：「低價買來高價賣出去就賺錢了，菜市場的老闆就是這樣賺錢的。」

樂樂爸爸：「對的，生意的本質就是低買高賣，以較低的價格進貨，然後以較高的價格賣出，賺取差價。菜市場一家人可以這樣做生意，他們一大早到蔬菜批發市場去進貨，然後回到菜市場賣，賺取的差價，交了菜市場管理費後，就是自己的利潤，如果是做其

第三部分 國中階段
29. 為什麼低買高賣還賺不到錢呢？

他生意就不完全是這樣了。」

樂樂：「為什麼低買高賣還賺不到錢呢？」

樂樂爸爸：「做其他生意和炒股票最難的就是，你怎麼能夠確定自己買入的時候是處於『低點』呢？這個就是由眼光和進貨數量等因素決定的。」

樂樂：「這個我知道，進貨數量多就可以降價。」

樂樂爸爸：「樂樂真聰明。低點買高點賣的參照系數是什麼？低點高點都不好確認，就像曾經『大蒜爆漲』的案例一樣，前一年大蒜的市場價格高到了天上，你以為今年把收購大蒜的價格定到了去年市場價格的 1/20，夠低了吧？在你的意識之中，只要大蒜的價格能夠達到去年的 1/5，你就可以賺得盆滿鉢滿，但是實際上呢？因為上一年大蒜價格太高，第二年幾乎所有的農民都改種了大蒜，而這種行為導致市場價格不但達不到去年的 1/5，甚至都不足你的收購價。這個時候，你能怪誰呢？所以這些都要靠做生意的人根據市場的各個因素來判斷，才能賺到錢。」

樂樂：「那做生意要學很多知識才行。」

樂樂爸爸：「對，還有一個原因就是，即便市場價是統一的，成本價也是統一的，你就能保證自己的貨物的銷量嗎？拿 20 元一瓶的礦泉水來說，一個社區便利商店周圍只有 100 戶住戶，其銷量是無法和客流量充足的十字路口旁邊的雜貨店相提並論的。你可能

99

小學生也看得懂的經濟學
培養孩子成為理財高手

確實做到了低買高賣，但是受限於銷量，賣水的收入可能根本無法養活自己。」

樂樂：「雜貨店原來賺很少的錢。」

樂樂爸爸：「對，今天我們一起來瞭解一個歷史人物白圭，白圭是戰國時候的人，他是一位著名的經濟謀略家和理財家。」

白圭提出了一套經商致富的原則，即「治生之術」，其基本原則是「樂觀時變」，主張根據具體情況來實行「人棄我取，人取我與」。當時的貿易是以貨易貨，而白圭的高明之處就是準確掌握市場行情，在別人覺得多而拋售時，他就大量地吃進，等別人缺少貨物需要吃進時，他就大量拋出。這樣低進高出，必能從中取利，累積財富。他認為只有以足補缺，以豐收補欠收，使全國各地物資互相支援才能在輔民安民的同時為國家理財致富。

樂樂爸爸：「樂樂，你覺得這位叫白圭的理財家厲害嗎？」

樂樂：「白圭真是厲害啊！」

樂樂爸爸：「白圭為達到理財富國的目的，對各種市場資訊極為重視，還強調商人要有豐富的知識，同時具備『智』、『勇』、『仁』、『強』等素質，要求既要有姜子牙的謀略，又要有孫子用兵的韜略，否則經商是很難有大成就的。樂樂，古代具有經商治國大智慧的人還有很多，你有空可以去上網查查，整理一下。」

第三部分 國中階段
30. 為什麼海邊的蝦比較便宜呢?

30. 為什麼海邊的蝦比較便宜呢?

　　有一個暑假,樂樂同學幾家人一起到海邊去旅遊。

　　旅遊期間他們參觀看見了漂亮的海上日出。他們到離島上玩,大家和當地漁村的漁船一起出海,見到了漁民捕魚、蝦和螃蟹的過程,孩子們興奮極了!

　　晚上他們在漁村吃飯,桌子上都是一大盆一大盆的螃蟹和蝦。

　　樂樂突然說:「這裡的螃蟹這麼多呀! 大家都用盆子裝。」

　　樂樂爸爸說:「這裡的海鮮比較便宜。」

　　樂樂:「為什麼海邊的蝦比較便宜呢?」

　　樂樂爸爸:「樂樂,你今天不是跟著我們坐船去看漁民捕魚、蝦嗎?這裡就是生產地。我們在平常吃的海鮮都是從這裡打撈上來的,然後裝進冰箱,坐飛機或貨車到我們那邊的,要給運費,所以那裡海鮮很貴,這裡的就便宜了。」

　　樂樂:「哦哦,原來如此啊!」

　　吃完晚飯後,他們到海邊玩耍,坐在海邊的礁石上看著船在海

小學生也看得懂的經濟學
培養孩子成為理財高手

浪上湧動著,上下起伏。

這時候樂樂又問:「爸爸,蝦怎麼有時候貴有時又便宜呢?」

樂樂爸爸:「這是經濟學中最基礎的問題,一個叫供給,一個叫需求。什麼叫供給呢?比如說海鮮,就是海邊的漁民把魚撈上岸,賣給中間商,他們把海鮮運到不靠海的地方去賣,這海鮮的多少就是供給。什麼是需求呢?根據海鮮的價格,願意買海鮮來吃的人數。這海裡邊的魚和蝦如果少了,這些捕魚的人當然捕撈得就少了,那我們那邊的海鮮會怎麼樣呢,樂樂?」

樂樂:「我們的蝦也少了。」

樂樂爸爸:「對,我們的蝦少了後,就會漲價。這就是供給與需求的關係。知道了嗎?」

樂樂似懂非懂地點點頭:「知道了。」

樂樂爸爸看樂樂不太懂的樣子:「我們講個故事你就清楚了。」

在西晉太康年間有一個叫左思的人。左思小時候,身材矮小,貌不驚人,說話結巴,顯出一副痴痴呆呆的樣子,他父親一直看不起他。

左思不甘心受到父親的鄙視,開始發奮學習。後來,他決心依據事實和歷史的發展,寫一篇《三都賦》,把三國時魏都鄴城、蜀都成都、吳都南京寫入賦中。十年後,這篇凝結著左思甘苦心血的《三都賦》終於寫成了!

第三部分 國中階段
30. 為什麼海邊的蝦比較便宜呢？

可是，當左思把自己的文章交給別人看時，卻受到了譏諷。當時一位著名文學家陸機挖苦他是不知天高地厚的小子，其他人也說一無是處。左思不甘心自己的心血遭到埋沒，於是找到了當時另一位著名文的學家張華。

張華先是逐句閱讀了《三都賦》，他越讀越愛，到後來竟不忍釋手了。他稱讚文章寫得非常好，並推舉給皇甫謐看。

皇甫謐看過以後對文章予以高度評價，並且欣然提筆為這篇文章寫了序言。他又請來著作郎張載為《三都賦》中的魏都賦作註。

《三都賦》很快在京都洛陽廣為流傳，人們嘖嘖稱讚，競相傳抄，一下子使紙昂貴了幾倍。原來每刀一千文的紙一下子漲到兩千文、三千文，後來竟銷售一空。不少人只好到外地買紙，抄寫這篇千古名賦。

樂樂爸爸：「樂樂，為什麼會出現『洛陽紙貴』的現象呢？」

樂樂：「因為在京都洛陽，人們都買紙來抄《三都賦》，所以紙就不夠了，就會漲價。」

樂樂爸爸：「紙的需求越來越大，而紙的供給卻跟不上需求，這樣一來紙的價格就會不斷上漲。一般來說，供需平衡時，市場價格就是正常價格。當供大於求時，市場價格低於正常價格；當供不應求時，市場價格高於正常價格。這就是人們常說的『物以稀為貴』。」

小學生也看得懂的經濟學
培養孩子成為理財高手

31. 為什麼機票早買更便宜？

有一天，樂樂和大伯一家一起吃飯，談到過年去旅遊的事情，得知大伯他們準備出國去旅遊，樂樂也想去。樂樂爸爸馬上買機票，結果機票只打了九折。

樂樂聽到爸爸的話，問：「爸爸，大伯他們不是買的機票不是打七折嗎？」

樂樂爸爸：「這次是我們決定太晚了，提前訂票的時間很短，航空公司就只有九折票了，而大伯提前好一陣子就預訂好了。」

樂樂：「購買同一航班的機票，為什麼多提前幾天就比較便宜呢？」

樂樂爸爸：「航空公司為了吸引客源，保障飛機載客率，會提前放出較低折扣的機票吸引客源，而達到一定比例後，航空公司就有利潤了，便將價格逐漸升高，甚至升至全價。這樣能保證有足夠的收益，所以機票越早訂越劃算。」

樂樂聽了後有些迷糊。

第三部分 國中階段
31. 為什麼機票早買更便宜？

　　樂樂爸爸接著說：「因為每一次飛機起飛到降落所需要的費用基本是一樣的，但是每次飛機的載客率不一樣，就是坐的人不一樣多。比如一架飛機有 200 個座位，航空公司不能確定這個航班有幾個乘客，如果坐滿了，航空公司就賺很多錢，如果沒坐幾個人，航空公司就虧了。所以航空公司就吸引大家盡早購買他們公司的機票，越早買優惠力度就越大，如果在這個航班起飛前一兩天訂票的話，表示你急需這張機票，那航空公司給你的優惠就很少了，甚至是全價。知道了嗎？」

　　樂樂：「那航空公司為什麼要打折呢？」

　　樂樂爸爸：「原因很多，其中一個主要原因是航空公司之間的競爭，因為有很多家航空公司，所以航空公司要搶客源，就要給折扣。」

　　樂樂：「早知道我們就買『紅眼航班』，要便宜些。」

　　樂樂爸爸：「樂樂不錯嘛，還知道『紅眼航班』。那你跟爸爸說說什麼是紅眼航班。」

　　樂樂：「紅眼航班是晚上飛的航班。」

　　樂樂爸爸：「紅眼航班是指航空公司的夜間飛行航班，為了提高飛機利用率，利用夜間飛機空閒時間安排飛行，以便降低航班成本。」

　　過了一會兒，樂樂又跑過來問：「爸爸，機票是先買便宜，但

小學生也看得懂的經濟學
培養孩子成為理財高手

是大賣場的東西為什麼是後買要便宜些呢？」

一起吃飯的人都誇獎樂樂會思考了。

樂樂爸爸：「樂樂的想法是對的，大賣場的商品很多是晚買比較便宜，主要有幾種情況。第一種，確確實實是促銷的，帶動消費者消費。大賣場隔一段時間就打折，這是一種銷售方法。薄利多銷是指低價低利擴大銷售的策略。第二種呢，因為產品快要過期了，所以就打折便宜一點賣出，因為過期了就賣不出去了。這些主要是食品。」

樂樂：「我曉得，每天晚上 9 點半後大賣場的菜、魚都打 6 折，限時搶購。」

樂樂爸爸：「對，因為第二天那些菜和魚就不新鮮了，有的還會變質，只能扔掉。打折是經營手段，開始賣的商品利潤都很高，大賣場不會虧的。還有就是第三種，很多商品新上市時樣式新、款式漂亮，很多人即使知道這時商品的價格很高，也願意買。大賣場會等到過季節後再打折。所以，大賣場的東西是晚買比較便宜。」

第三部分 國中階段
32. 什麼是啃老族？

32. 什麼是啃老族？

有一天放學，樂樂給爸爸出了一個謎語：「一直無業，二老啃光，三餐飽食，四肢無力，五官端正，六親不認，七分任性，八方逍遙，九坐不動，十分無用，你猜猜是什麼？」

「猜什麼？」爸爸問他。

樂樂：「猜一個人。」

「不知道。」爸爸說，「這是什麼無聊的謎語！」

樂樂：「啃老族，二老啃光嘛！」

樂樂爸爸：「那你知道什麼是啃老族？」

樂樂：「不知道。」

樂樂爸爸：「啃老族就是一些人長大了找不到工作或者有工作不認真上班被辭退，自己沒有辦法獨立生活，就向他們的爸爸媽媽要錢來吃飯、穿衣服。那樂樂覺得這樣的人對不對？」

樂樂：「不對，他們應該去賺錢。」

樂樂爸爸：「對的，兒子。他們並非找不到工作，而是因為各

小學生也看得懂的經濟學
培養孩子成為理財高手

種原因主動放棄了就業的機會，不僅衣食住行全靠父母，而且開銷往往不菲。」

樂樂：「那我是不是啃老族？」

樂樂爸爸：「你不是，小孩子在成年前，爸爸媽媽都有撫養的責任。」

樂樂：「那就好。」

樂樂爸爸：「還有一種啃老族，他們雖然會去上班，但是他們透支消費，錢不夠用也啃老。」

樂樂：「什麼是透支消費呢？」

樂樂爸爸：「比如你每星期的零用錢是 100 元，而你這個星期用了 120 元，你就多用了 20 元，你就透支了。」

樂樂：「哦，那就是月光族嗎？」

樂樂爸爸：「對，就是每月賺的錢都花光的人。同時，也用來形容賺錢不多、每月收入僅可以維持基本開銷的一類人。他們喜歡追逐新潮，只要吃得開心、穿得漂亮，想買就買，根本不在乎錢財。那透支消費的月光族對不對呢？」

樂樂：「不對，人應該節約。」

樂樂爸爸：「節約是對的，不過，人累積財富主要還是靠多努力，增強本事，多賺錢，這就叫開源。另外每個月的錢要有計劃地用，不能成為月光族。不能有多少用多少，知道了嗎？」

第三部分 國中階段
32. 什麼是啃老族？

樂樂：「知道了。」

樂樂爸爸：「所以，你每天要帳記帳，買了什麼，隔幾天要看一下，什麼東西該買，什麼東西不該買。」

樂樂：「我們班的春春就有錢，他不需要記帳，還請我喝奶茶呢！」

樂樂爸爸：「你們小朋友之間不要經常讓別人請吃東西，可以實行 AA 制。」

樂樂：「AA 制是什麼呢？」

樂樂爸爸：「AA 制就是同學們一起吃飯或者買東西時，大家自己付自己的錢，每人平分。」

樂樂：「這樣就很公平了。」

樂樂爸爸：「對的，你們今後在學校或同學之間辦活動就可以實行 AA 制。」

樂樂：「知道了。」

小學生也看得懂的經濟學
培養孩子成為理財高手

33. 賽車手和計程車司機

樂樂特別喜歡在電視上看賽車比賽。一天,樂樂喜歡的賽車手舒馬赫出現在比賽裡。

樂樂好奇地問:「爸爸,開賽車是舒馬赫的工作吧?為什麼開賽車的比開計程車的有錢呢?」

樂樂爸爸:「賽車手和計程車司機都是一種職業,都為社會做貢獻。舒馬赫的工作是賽車,和計程車司機有些不一樣。」

樂樂:「哦,那有什麼不一樣呢?」

樂樂爸爸回答:「要成為一名賽車手,是需要很精湛的技術的。樂樂,你看電視裡要能夠開這麼快,並順利地超越別人,還要經常轉彎,這需要花很多時間進行訓練。舒馬赫開的車叫賽車。這種車和計程車不同,跑起來比計程車快很多,並且兩者賺錢的方式也不同。」

樂樂:「哪裡不同呢?」

樂樂爸爸:「計程車司機只要接送一次客人,就能賺一次錢。

第三部分 國中階段
33. 賽車手和計程車司機

錢的多少,是按客人乘坐的時間和距離來計算的。可是,舒馬赫當賽車手就不同了,舒馬赫的收入主要靠比賽的獎金和贊助商。」

樂樂:「為什麼公司要贊助舒馬赫呢?」

樂樂爸爸:「因為舒馬赫開車技術好,比賽成績好,是全世界最有名的賽車手之一,所以對公司的宣傳效果非常好。你看電視上舒馬赫的鏡頭有很多,電視機前的觀眾時時在注意他的情況。你仔細看他身上的衣服,上面是不是有很多的圖案?」

樂樂:「嗯,有很多。」

樂樂爸爸:「當電視機跟著舒馬赫時,這些公司的標誌就會一直出現在大家眼前。這樣,就可以經由舒馬赫來提高公司的知名度。」

樂樂:「這些公司真聰明。」

樂樂爸爸:「對的。所以舒馬赫的工作就是一直比賽,拿到好成績,得到更多的贊助,贏得獎金,還能為國家爭光。贊助也是一種投資。像籃球明星林書豪,電視、新聞裡常常報導他,如果 Nike 公司贊助他,那麼喜歡林書豪的人就會去買 Nike 的球鞋,Nike 公司就獲得了很好的宣傳效果。這樣的投資換取的品牌價值和收益往往都比較高。」

樂樂突然問道:「爸爸,開賽車的都非常有錢嗎?」

樂樂爸爸:「樂樂,賽車手的獎金都很高,不過,開計程車為

小學生也看得懂的經濟學
培養孩子成為理財高手

老百姓的出行提供了便利,也是很有意義的。當一名賽車手需要有高超的車技,但同時也是很危險的。這樣的工作,可不是每個人都能做的。」

樂樂:「舒馬赫真厲害! 又贏了! 我們班好幾個同學都喜歡他。我也想成為舒馬赫那樣的賽車手。」

樂樂爸爸:「那你知道成為賽車手需要哪些條件嗎?」

樂樂:「不知道。」

樂樂爸爸:「樂樂現階段就是好好學習,說不定,以後在自己工作的領域也能變成佼佼者。」

樂樂:「那我是做舒馬赫好還是林書豪好呢?」

樂樂爸爸:「還是做樂樂自己最好。」

第三部分 國中階段
34. 發票是證明我們吃的是什麼嗎？

34. 發票是證明我們吃的是什麼嗎？

一天，樂樂一家人在餐廳裡吃飯。

吃完飯，樂樂爸爸付了錢後，服務員沒有給發票，樂樂爸爸便要求樂樂去找服務員拿發票。

這時候，樂樂就問：「爸爸，發票是證明我們今天晚上吃的是什麼嗎？」

樂樂爸爸：「不是。發票是我們花錢後餐廳老闆給我們的付款憑證。」

樂樂：「我們拿發票有什麼用呢？」

樂樂爸爸：「我們拿發票後，老闆就要繳納稅收給國家。國家將這些稅錢集中起來，就可以修路、修學校。」

樂樂：「那國稅局的人每天都來收嗎？」

樂樂爸爸：「不是，是這些餐廳、公司、工廠每個兩個月申報一次。發票還可以對獎呢！」

然後，樂樂爸爸就教樂樂怎麼對發票，結果還中了 200 塊錢。

小學生也看得懂的經濟學
培養孩子成為理財高手

　　樂樂非常高興，連忙說：「爸爸，下次吃飯一定要拿發票，我要對獎。這家餐廳還有獎，太好了！」

　　樂樂爸爸：「這獎金不是餐廳發的，是稅務部門為了鼓勵大家在消費後索要發票，防止商家逃漏稅的一種獎勵。發票由稅務機關統一印製、發放和管理，其他個人和單位都不能自己印。我們要仔細辨別發票的真假，有的餐廳為了少納稅，就給顧客假發票。」

　　樂樂：「還有假發票呢，那我們要小心。」

　　樂樂爸爸：「我們在大賣場買東西，大賣場也要給我們開發票，你知道大賣場給我們發票的作用嗎？」

　　樂樂：「證明我們買了東西，就可以帶回家。」

　　樂樂爸爸：「發票上記錄了我們買東西的清單和大賣場的印章，還有發票代碼等，這樣就有了法律證明效力。如果我們買的東西不合適或者是壞的，就可以拿著發票向賣貨的單位要求調換、退貨、修理商品。」

　　樂樂：「那以後買東西和吃飯都得要求商家開發票。」樂樂爸爸：「對的，這樣可以保護自己的合法權益。」

第三部分 國中階段
35. 有牛市，有沒有豬市？

35. 有牛市，有沒有豬市？

有一天，樂樂放學回家問爸爸：「爸爸，大家說起股票的時候，總說牛市，那有沒有豬市呢？」

樂樂爸爸笑著回答：「沒有，牛市是大家約定俗成的，就是證券市場行情普遍看漲、延續時間較長的時候。你看有的證券公司門口就塑了一頭牛在那裡，就是希望股市上漲的意思。」

樂樂：「那是證券公司規定的叫牛市？」

樂樂爸爸：「我給你講講牛市和熊市的來歷。這其實是來源於牛、熊攻擊的方式。牛在攻擊對手時，往往是向前衝用角抵對方，並且角是自下向上發力；而熊在攻擊對手時，往往是用熊掌拍打對方，熊掌的方向是從上往下。其深遠意義在於：股市的調整是不為人們的意志所左右的（像熊一樣不能馴化），熊市是牛市的消化，使之再度循環。熊是投資者的治療醫生，教人們控制自己無止境的慾望，教人們怎樣像熊一樣，在必要的時候從喧囂中歸隱起來，耐心等待，冷靜地思索並保持高度警惕，直到重生機會的來臨。在證

小學生也看得懂的經濟學
培養孩子成為理財高手

券交易中，Bear 的意思是『賣空者，做空者，拋售股票或期貨希望造成價格下跌的人』，Bull 的意思是『買進股票等待價格上漲以圖謀利者，哄抬證券價格的人』。」

樂樂：「哦。」

樂樂爸爸：「說到牛市，樂樂，你知道什麼是股票嗎？」樂樂：「不知道。」

樂樂爸爸：「股票是股份公司（包括有限公司和無限公司）在籌集資本時向出資人發行的股份憑證。簡單地說就是幾個人辦了一個公司，錢不夠，就向大家籌錢，然後這個公司就給大家開一個證明，證明上要寫明出錢單位、錢的多少等，這個證明就是股票，出錢的人就是股東。只是這個公司要經過國家批准，滿足一定的條件才能向大家借錢和發股票。」

樂樂：「這錢什麼時候還呢？」

樂樂爸爸：「買股票的錢是不還的，股票一般可以通過買賣方式有償轉讓，股東能通過股票轉讓收回其投資，但不能要求公司返還其出資。股東與公司之間的關係不是債權債務關係。股東是公司的所有者，以其出資額為限對公司負有限責任，承擔風險，分享收益。」

樂樂：「錢換成股票，如果收不回來就可惜了。」

樂樂爸爸：「是的，買股票的確有很大的風險，但是如果你買

第三部分 國中階段
35. 有牛市，有沒有豬市？

的公司經營得很好，股票就很值錢，可以通過買賣股票的價差和公司的分紅獲得收益。你看證券公司每天有那麼多人在買賣股票，如果你買的股票漲了你就賺錢了。有的股票一上市才幾個月，買股票的人就把本錢拿回來了，還賺了很多錢。」

樂樂：「股票都上市嗎？」

樂樂爸爸：「股票可以公開上市，也可以不上市。公司經營得很好，符合上市條件了就可以上市。不上市的股票，可以每年分紅，如果發行股票的公司虧損了，就不分紅。」

樂樂：「那經營公司的人跑了怎麼辦呢？」

樂樂爸爸：「買了一個公司的股票後，依據買股票的多少，選買得最多的人組成股東大會，股東大會選出董事會、招聘經理和管理人員來經營企業，同時選出監事會來監督企業的經營和管理。股東大會投票表決、參與公司的重大決策。因為股份公司的運作模式已經有幾百年了，所以現在的上市公司管理會很有調理。」

小學生也看得懂的經濟學
培養孩子成為理財高手

36. 爺爺的退休金

　　樂樂的生日到了，樂樂和媽媽一起到大賣場買了心愛的玩具。晚上全家人在一起吃飯，大家都給樂樂送上了祝福。

　　樂樂爺爺給樂樂一個紅包，樂樂高興地接過紅包。過了一會兒，樂樂問爺爺：「爺爺，你沒有工作，哪來的錢給我呢？」

　　樂樂爺爺高興地說：「樂樂真聰明，知道沒上班就沒有錢了。但是爺爺原來上班的時候很節約，存了一些錢。現在退休了，但每個月還有退休金。爺爺的退休金就是爸爸上班的地方（註：勞保局）發的。」樂樂連忙謝謝爺爺。

　　樂樂接著問爸爸：「爺爺的退休金是你們上班的地方發的嗎？」

　　樂樂爸爸：「對的，爸爸的上班的地方每個月要為好幾萬人發退休金呢。」

　　樂樂：「那你們很忙了？」

　　樂樂爸爸：「是的，爺爺奶奶都不需要到我們那邊去，他們退休的時候把銀行帳號告訴了我們，我們每個月把錢轉到他們的戶頭

第三部分 國中階段
36. 爺爺的退休金

裡就行了。」

樂樂：「那你們有很多很多的錢嗎？」

樂樂爸爸：「對的，每一個人上班的公司都要幫忙你到勞保局去投保，每個月交一定的錢，勞保局就把這些錢集中起來存到銀行裡。上班的人一直交錢給勞保局，等到了國家規定的年齡退休後就回家養老了，原來上班的地方就不發薪水了。」

樂樂：「那怎麼辦呢？」

樂樂爸爸：「那接下來就由我們這種社福單位來給這些不上班的人發退休金，讓他們不上班也有錢。」

樂樂：「真好，不上班了還可以領錢。」

樂樂爸爸：「對的，當然這個人退休之前必須要投保勞保或國民年金，才能有退休金。不然就不能領取退休金。」

樂樂：「那有的人老了就沒有退休金了。」

樂樂爸爸：「對呀，所以沒有，不交錢，那他們老了就不能從我們那裡領退休金了。」

樂樂：「你們上班就是發放退休金的嗎？」

樂樂爸爸：「嗯，除此之外，還有就業險、職業災害險，健保局要負責發放全民健康保險……今後爸爸有機會再告訴你，這都是國家為大家設計的最低生活保障。每一個人從出生到死亡，國家都有社會福利政策來保障每一個人、每一個家庭最基本的生活。」

小學生也看得懂的經濟學
培養孩子成為理財高手

樂樂:「那社會福利就是提供一種社會保障。」
樂樂爸爸:「嗯,對的。」

第三部分 國中階段
37. 眼光就是財富

37. 眼光就是財富

有一天，樂樂爸爸看到一個故事，覺得很有意思，就讓樂樂也看看。

樂樂認真地讀起來。

一位年輕人乘火車去西北某地。火車行駛在一片荒無人煙的山野之中，列車上的人們都百無聊賴地望著窗外。到了一個拐彎處，隨著火車慢慢減速，一幢簡陋的平房緩緩地進入人們的視野。也就在這時，幾乎所有乘客都睜大眼睛「欣賞」起寂寞旅途中這道特別的風景。有的乘客開始竊竊議論起這幢房子來。年輕人的心為之一動。

返程時，年輕人特意在中途下了車，不辭辛勞地找到了這幢房子。主人告訴他，每天火車都要從門前「隆隆」駛過，噪聲實在讓他們受不了，房主想以低價賣掉房屋，但多年以來一直無人問津。

不久，年輕人用3萬元買下了這幢平房，他覺得這幢房子處在轉彎處，火車經過這裡時都要減速，在荒涼的旅途中，乘客冷不丁

小學生也看得懂的經濟學
培養孩子成為理財高手

看到這幢房子都會精神為之一振，用來做廣告再好不過了。他開始和一些大公司聯繫，推薦這道極好的「廣告牆」。後來，可口可樂公司看中了它，在3年租期內，支付給年輕人18萬元租金。

樂樂讀完了故事。

樂樂爸爸：「樂樂，從這個故事中你得出什麼想法？」

樂樂：「這個人很能幹。」

樂樂爸爸：「對的，只要具有獨到的眼光，看到別人所不能看到的機會，就能真正地發財。眼光就是財富，那是因為不同的環境中有著不一樣的機會。有一句名言這樣說：當機會來臨的時候有人能看到，有人在別人指給他看時才看到，有人則根本看不到。如果說在社會經濟活動中，機會帶來了財富，那麼決定機會的便是眼光。」

樂樂：「為什麼不是每個人都能看見機會呢？」

樂樂爸爸：「能在別人看來平常的東西上看到價值，這就是眼光。有眼光的人看問題，不只是看到眼前，他還能運籌帷幄，看得更遠；沒有眼光的人做事情，總是喜歡跟著潮流跑。與眾不同，才可能有眼光。因此，在別人都沒有看到的時候你看到了，這才叫『有眼光』。為什麼人和人之間的財富有如此大的差別呢？關鍵就在於賺錢的思路以及看待事物的眼光。」

樂樂：「眼光很重要。」

第三部分 國中階段
37. 眼光就是財富

　　樂樂爸爸：「就是，你現在要多看書、多思考，把自己訓練成一個有眼光的人。一個眼光獨到的人，總是能發現別人不留意的商機；而一個沒有眼光的人，即使商機就在眼前，他也視而不見。要想擁有更多財富，就要訓練自己的眼光，做到看一想二、看一想三。」

小學生也看得懂的經濟學
培養孩子成為理財高手

38. 金錢不是衡量成功的唯一標準

樂樂看到電視裡的一條新聞，非常驚奇地對爸爸說：「LVHM 的董事長，剛剛成為了世界首富，資產有 3.5 兆，太有錢了！」

樂樂爸爸：「金錢不是衡量成功的唯一標準，一個人是否成功，要看他是否為社會做出貢獻。在這個時代，金錢是衡量一個人成功與否的標準之一，但不是唯一的標準。一個人在專業行當裡被同行認可和肯定，也是成功。錢人人需要，夠維持基本的生活就夠了。」

樂樂：「有錢還是好。」

樂樂爸爸：「錢很重要，錢是生活的必需保障，所以從小就要培養自己的財商，長大後才有賺錢的本事，才會讓自己生活得有品質。但是，金錢並不能和成功直接劃上等號。那些對人類、社會做出很大貢獻的人中有很多人都沒有很多錢，但他們也很富裕、充實，深受人們的愛戴和尊敬。」

樂樂：「受人尊敬也是一種成功。」

樂樂爸爸：「對，社會上有些人雖然有錢，如果他們缺少社會

第三部分 國中階段
38. 金錢不是衡量成功的唯一標準

責任感,缺失人性,大家都會厭惡他們,不會覺得他們成功。」

　　樂樂:「知道了。」

小學生也看得懂的經濟學
培養孩子成為理財高手

39. 我也要魚竿

有一天,樂樂和爸爸在書上讀到一個故事:

從前,兩個饑餓的人得到了兩根魚竿和兩簍鮮活的魚。

其中一個人選擇了兩簍魚,另外一個人則選擇了兩根魚竿。後來,他們分開了。選擇魚的人走了沒幾步,便用乾樹枝點起篝火,煮了魚。他狼吞虎嚥,來不及好好品嘗魚的香味,就連魚帶湯一掃而光。沒過幾天,他再也得不到新的食物,最後餓死在空魚簍旁邊。選擇魚竿的人開始只能繼續忍饑挨餓,他一步一步向海邊走去,準備釣魚充饑。後來他終於達了海邊。一條、兩條慢慢地他捕到了很多魚,開始了以捕魚為生的日子。後來他還組建了自己的家庭,有了自己建造的漁船,過上了幸福安康的生活。

讀完故事後,爸爸問樂樂:「故事裡那個要鮮活的魚的人為什麼餓死了呢?」

樂樂:「因為他很快把魚吃完了。」

樂樂爸爸:「對的。他選擇立即滿足自己的需求,沒有考慮長

第三部分 國中階段
39. 我也要魚竿

遠的事。魚吃完了，就沒有了。但魚竿是釣魚的工具，有了魚竿，就可以掌握獲得魚的技能。」

樂樂：「那我們肯定不能目光短淺，只盯『眼前的魚』。」

樂樂爸爸：「是啊，我們都不能做殺雞取卵、竭澤而漁的蠢事，我們一定要記住『本錢』的重要性，要學會儲蓄和累積理財的本錢，千萬不要為了眼前利益而做出損害自己發展的事情，為了目前的小利喪失財富累積的機會。其次要學會賺錢的本領。」

樂樂：「嗯，故事裡的兩個人如果可以合作就更棒了。兩人可以一起先分吃兩簍魚，飽餐一頓後，再一起用兩根魚竿去釣魚，釣魚過程中也可以配合，這樣兩人之後還可以一起去賣魚，把生意做大。」

樂樂爸爸：「哈哈，樂樂這個『合作』的角度很棒，你還記得另外那個授人以漁的故事嗎？」

樂樂：「知道，我看過這個故事，就是一個小孩到河邊，看到一個老翁在樹下垂釣，老翁的魚簍裡已經是滿滿的一簍魚，小孩非常喜歡，老翁看見小孩也很喜愛，決定將這簍魚送給小孩，可是小孩不要這簍魚，他想要老翁的魚竿。」

樂樂爸爸：「如果你是那個小孩，你要怎麼選擇呢？」

樂樂：「我也要魚竿。」

樂樂爸爸：「對的，那個小孩想要學會釣魚，這樣他就會有更

小學生也看得懂的經濟學
培養孩子成為理財高手

多的魚了。我們要有遠見和危機意識,要把眼光放遠一點,要努力學習各種知識,雖然現在辛苦一點,但長大後就能應付社會生存競爭,就有較強的競爭力和持續發展的後勁,面對機遇也能冷靜地把握。」

第三部分 國中階段
40. 投資需要很多錢嗎？

40. 投資需要很多錢嗎？

有一天，樂樂問爸爸：「爸爸，投資需要很多錢嗎？」

樂樂爸爸：「不一定，投資不分錢多錢少，錢少也可以進行投資。如果錢少就進行小型的投資，慢慢地錢就多了。」

樂樂：「投資就能賺錢嗎？」

樂樂爸爸：「投資是讓錢增值的方式，就是錢生錢。把錢投入自己認為可能獲得利潤的領域，然後耐心等待，在今後某一天，可能你所購買的東西會數倍地增值，這時候，投資就成功了。當然，也可能出現你購買的東西價格下跌的情況，這樣就會賠錢。」

樂樂：「那投資什麼呢？」

樂樂爸爸：「如果在媽媽所在的證券公司去投資，就可以買股票、買債券、買基金。其他如買黃金、買古董等都是投資，等你再長大一點，我們就將你的壓歲錢用來投資，你也可以跟著去買。好嗎？」

樂樂：「好的。我怎樣投資呢？」

小學生也看得懂的經濟學
培養孩子成為理財高手

　　樂樂爸爸：「對於我們普通的家庭來說，投資的主要渠道包括金融市場上買賣的各種資產，如存款、債券、股票、基金、外匯、期貨等，以及在實物市場上買賣的資產，如金銀珠寶、郵票、古玩收藏等，或實業投資，如個人商鋪、小型企業等，渠道很多。」

　　樂樂：「我也想學投資。」

　　樂樂爸爸：「要學會投資得慢慢來。第一步，要學會儲蓄，在儲蓄達到一定階段時，可將儲蓄的 20%～40% 用於投資。無論哪種投資都應該是閒錢，同時要學習投資理財知識。第二步，制定小目標，投資要以自己設立的目標為標準。第三步，選好一種投資方式，不管是基金、股票還是其他，你都要有興趣去學習、鑽研，然後在爸爸媽媽的幫助下選擇投資方式。第四步，不要眼高手低，最開始以學習為主，不能太心急。第五步，持續穩定地投資，投資要養成習慣，成為長期的『功課』，不論虧、賺，都要堅持。第六步，買了股票就要長期持有，如果頻繁買進賣出，精力和承受力都不夠。第七步，限制財務風險，任何投資都要量入為出，要注意穩定性。知道了嗎？這些你都要慢慢學習。」

　　樂樂：「投資要學的東西可真不少。」

　　樂樂爸爸：「在現代社會中，投資是每個人都應該掌握的技能，培養得越早，這種能力發揮得越強。經過長期的培養，人與生俱來的『投資天賦』會發展成為個性氣質固定下來，表現為洞察力、

第三部分 國中階段
40. 投資需要很多錢嗎？

進取心、勇氣和獨立判斷的能力。投資要考慮的就是要付出去多少本錢，能夠連本帶利收回來多少以及對投資的信心。」

樂樂：「投資真不是一件簡單的事啊！」

樂樂爸爸：「今天我們一起來學習一下猗頓拜師的故事。」

猗頓是魯國的一個窮書生，種地養蠶都不行，不是務農的料。他便學習雕刻陶磚，手藝很好。

范蠡不但政治上謀略過人，做生意更是一把好手，是當時最有錢的人，更是中國歷史上棄政從商的鼻祖。

有一天，范蠡來向猗頓訂購一塊陶匾，很急。猗頓說，他願意通宵雕刻，到天亮時就可以完成，但唯一的條件是范蠡要告訴他致富的秘訣。

范蠡同意了這個條件，天亮時猗頓完成了陶匾的雕刻工作，范蠡也兌現了他的諾言，他告訴猗頓：

秘訣一：你賺的錢中有一部分要存下來，然後才用剩下的錢賺錢。不管你賺多少，一定要存下十之一二。

秘訣二：別和外行人合夥做生意！要向內行的人請教意見。

秘訣三：克服「小富即安」的思想，要依據「雞生蛋、蛋生雞」、滾雪球的原理漸漸繁衍壯大。

總之就是說，要學會如何獲得財富，保持財富，運用財富。猗頓後來踐行了這三個秘訣，在 10 年之間，賺取了大量的財富，成

小學生也看得懂的經濟學
培養孩子成為理財高手

為當時最富有的人之一。

　　樂樂聽完了故事高興地說:「我也要向猗頓學習。」

第三部分 國中階段
41. 什麼是金融危機？

41. 什麼是金融危機？

有一天，樂樂剛放學回到家，就急急忙忙地問爸爸：「同學都說要發生金融危機了，我們家是不是要買很多東西來存著呢？」

樂樂爸爸：「不用。不過，我們可以一起來瞭解什麼是金融危機。我們一起來看一個故事。」

在明朝嘉靖年間的蘇州府，萬福記的酥餅是遠近聞名的風味小吃，每天門口排隊的顧客絡繹不絕，店家開足馬力生產仍是供不應求。不僅如此，還經常有官府和大戶插班下大訂單，足夠萬福記忙上幾天的，門面生意自然就照顧不了了。

有錢有勢的官府和大戶當然得罪不起，但是散客也是不能隨意怠慢的。為了不讓散客再空跑一趟，掌櫃沈鴻昌情急之下，在收取定金之後打下了白條，允諾在指定的日子一定交貨。

原本這只是應付散客的權宜之計，其實萬福記並沒有這個生產能力，但為了本店的招牌和口碑，沈鴻昌只好硬著頭皮上了。戰戰兢兢過了一個月後，沈鴻昌驚訝地發現，情況並沒有自己想像的那

133

小學生也看得懂的經濟學
培養孩子成為理財高手

麼糟糕，每天拿著白條來提酥餅的散客寥寥可數，門面賣出去的酥餅也不比以前多出多少，但每天回籠的錢卻多出來不少。

細心的沈鴻昌多方打聽，才知道有相當多的顧客購買酥餅，並不是留作自己食用，而是作為禮品饋贈親友，而收禮的人也不見得會自己吃，往往過段日子找個機會轉送出去。可問題是，酥餅存放時間長了就會發霉變質，沒法再送人了。

再者，拎著偌大的餅盒到別人家裡，既不方便，又惹眼。於是，好多人買了這種白條放家裡，什麼時候想吃了就自己跑到萬福記兌換現成的，若是想送人還可以繼續留存著。

沈鴻昌暗自琢磨起來，做一盒酥餅要花時間、人力和本錢，賣出去只能收到 20 文錢，這種白條幾乎什麼投入都沒有，就可以憑空坐地收錢，而且不用擔心馬上就要兌現，豈不是無本萬利？

不久，萬福記開始印製蓋有沈鴻昌私章的餅券，在門面叫賣起來。賣餅券的好處確實很誘人，酥餅還沒有出爐，就可以提前收帳，沈鴻昌不用再像以前為討要欠款而苦惱了。

賣餅券的錢可以用來做其他買賣，而且不用付利錢。顧客手中的餅券總會有部分遺失或毀損，這些沒法兌換的酥餅就被白賺了。蘇州城內的布莊、肉鋪、米店掌櫃看著都眼紅了，一窩蜂地跟著模仿，賣起了布券、肉券、米券餅券上面沒有標明面值，購買時按照當時的價格付錢，提貨時不用退補差價。酥餅是用糧食做的，價格

第三部分 國中階段
41. 什麼是金融危機？

跟著糧價變化，豐年和荒年的糧價起伏很大，正常年景時一盒酥餅賣 20 文錢，而在豐年只能賣 15 文錢，但在荒年可以賣到 50 文錢。一些精明的百姓將餅券攢在家裡，等酥餅漲價時再賣給人家，性子急的人不屑於這種守株待兔的做法，他們通過賭來年的收成，做起了買空賣空的生意來。倘若來年是豐年，現在的餅券就跌價；倘若來年是荒年，現在的餅券就漲價。

不僅僅是餅券，市面上其他的券也被人做起投機交易來。當鋪和票號見有利可圖，不僅仗著自己本錢雄厚來分一杯羹，輕而易舉地操縱起價格，而且接受百姓各類券的抵押，放起了印子錢。

如果這種情況繼續發展下去，或許將會形成一定規模的證券市場和期貨市場。

嘉靖年間是倭寇危害江浙甚重的時代。嘉靖三十三年（1554 年）、三十四年（1555 年），倭寇接連三次奔襲蘇州府。一時間，蘇州城內物價飛漲、人心惶惶，商家趁機囤積居奇，市面上的券被百姓瘋狂搶購。沒等倭寇攻城，自己就先亂了，蘇州知府任環痛下決心鐵腕治市，強制平抑物價和開倉放糧。

市場供應逐漸平穩下來，於是券的價格一落千丈。券不值錢了，債戶倘若歸還印子錢，將券贖回就大不劃算了，便紛紛賴起了帳。當鋪和票號裡押著的券天天在蝕本，伙計們焦急地上門催討印子錢。

小學生也看得懂的經濟學
培養孩子成為理財高手

　　可債戶說,印子錢先前都用來搶購東西了,現在物價便宜了,我們手頭卻沒錢了,要不那些券就留給你們吧。當鋪和票號不敢再留這個燙手的山芋,趕緊找發行券的店家,要他們按照原價贖回。掌櫃們當然不答應,當鋪和票號狠了狠心,賤價賣給了百姓。百姓害怕物價再次上漲,擁進店裡要求兌換。

　　但是商鋪哪有這麼多貨呢?債臺高築的掌櫃趕緊關門謝客,憤怒的百姓砸了店,蘇州城內倒閉的商鋪十之五六。任環從沒見過這種場面,唯有使出強硬手段:責令各商鋪限期回收券,倒閉的商鋪收歸官府,斬殺幾個挑頭鬧事的暴民。

　　樂樂爸爸:「萬福記開始的經營策略還是很成功的,但是遇到了『金融危機』影響了萬福記。這其中的奧妙值得學習。」

　　樂樂:「什麼是金融危機?」

　　樂樂爸爸:「金融危機可以分為貨幣危機、債務危機、銀行危機等類型。現在的金融危機呈現多種形式混合的趨勢。金融危機的特徵是人們基於經濟未來將更加悲觀的預期,整個區域內貨幣幣值出現較大幅度的貶值,經濟總量與經濟規模出現較大幅度的縮減,經濟增長受到打擊,往往伴隨著企業大量倒閉的現象,失業率提高,經濟蕭條,有時候甚至伴隨著社會動盪。」

　　樂樂:「金融危機真可怕。」

　　樂樂爸爸:「這個故事可以反應出金融危機的過程:第一個階

第三部分 國中階段
41. 什麼是金融危機？

段是債務危機，於是餅券的價格一落千丈。餅券不值錢了，債戶倘若歸還印子錢，將券贖回就太不划算了，便紛紛賴起了帳。第二個階段是流動性的危機。當鋪和票號裡押著的券天天在蝕本，伙計們焦急地上門催討印子錢。但是當鋪和票號不能兌付債權人變現的要求。第三個階段就是信用危機。就是說，人們對建立在信用基礎上的金融活動產生了懷疑，從而造成這樣的危機。」

樂樂：「嗯嗯，我再去找點相關資料學習一下。」

樂樂爸爸：「嗯，樂樂你感興趣的知識就多自己去探索。」

小學生也看得懂的經濟學
培養孩子成為理財高手

42. 我也有健保卡

　　一天，樂樂從學校回到家，發現有一封自己的信。

　　樂樂：「爸爸，這是我的信欸。」

　　樂樂爸爸拿起信封一看，對樂樂說：「哦，是健保卡。」樂樂：「健保卡是什麼呢？」

　　樂樂爸爸拆開了信封，拿出了一張卡，對樂樂說：「這是你的健保卡。」

　　樂樂：「我也有健保卡啊？」

　　樂樂爸爸：「你從一出生就加入全民健保了。」

　　樂樂：「什麼是全民健保？」

　　樂樂爸爸：「全民健保就是全民健康保險，是為了照顧所有民眾的健康而辦的。每個人每個月只要按時繳交保險費，一旦碰到生病、生產或重大的意外疾病時，就可以由特約的醫院或診所提供給您適當的醫療照顧。所以這是大家共同分擔危險，幫助自己也是幫助別人的社會保險制度；就個人一生而言，全民健康保險是年輕健

第三部分 國中階段
42. 我也有健保卡

壯時幫助別人，年老多病時別人幫助自己的保險制度。」

樂樂：「我參加這個有什麼用呢？」

樂樂爸爸：「給你舉個例子：如果班上某位同學生了大病住院了，要花 20 萬塊錢，如果這位同學之前交了健保費，參加了健保，這個時候健保局就幫這個小朋友出 12 萬多元治病，自己家只花 6 萬多塊錢，這樣，這個同學家裡的負擔就減輕了。這對有些家庭來說是非常實用的。」

小學生也看得懂的經濟學
培養孩子成為理財高手

43. 創辦公司很難嗎？

　　社區門口到菜市場之間的空地上經常會出現擺地攤的小販，一遇到警察臨檢，他們就迅速卷起攤子開跑，弄得很是狼狽。

　　樂樂經常看到這個現象。有一次樂樂帶著同情的語調問：「爸爸，他們為什麼不辦間公司呢？辦了公司，他們就有固定的場所以免被追得到處跑。」

　　樂樂爸爸：「創辦企業首先需要一些資金，更主要的是要有經營企業的意識和素養，你看這些小攤販年齡都很大，家裡錢又不多。對他們來說眼前的目標是到市場裡或街邊上租個攤位或店面就行了，也不影響市容。」

　　樂樂：「創辦企業很難嗎？」

　　樂樂爸爸：「創辦企業、開公司首先要申辦執照，申辦執照很簡單，現在幾百塊資本額就可以註冊一間小公司了。有了公司以後就要一個辦公地點，或者門面，還要請幾個人來經營。這就需要管理，需要看經營是否合理、得當，才能賺到錢來發薪水和交房租、

第三部分 國中階段
43. 創辦公司很難嗎？

稅費。從這些方面來看，經營企業的確很難。」

樂樂：「難怪他們要擺地攤。」

樂樂爸爸：「創辦企業首先要選好項目，自己錢不夠的話還要找人投資。我們一起來學習『味精大王』的故事。」

1920 年，29 歲的吳蘊初回到上海。十里洋場上海灘，到處是日商「味之素」的巨幅廣告。當時，日本的味精風靡中國，一直占據著中國的味精市場。

吳蘊初暗暗下定決心改變這一現狀，要研製出中國自己的味精來。

吳蘊初先是買了一瓶「味之素」味精回去仔細分析研究，發現「味之素」就是谷氨酸鈉。1866 年，德國人從植物蛋白質中提煉出這種物質。吳蘊初開始在自家的小亭子裡著手試製。經過一年多的試驗，終於製成了幾十克成品，並找到了廉價的、大量生產的方法。當時他手上一點兒資金都沒有，怎麼辦？他苦思冥想之後，終於想出了一個辦法。

他開始頻繁地出入酒館飯店，每到一個地方吃飯，他都會上演相同的一幕：當著所有客人的面從懷中取出一個小瓶，然後從瓶中倒出一點東西放入湯中，得意地喝起來。他的舉動常常引起旁人的好奇。

終於有一天，崇新醬園的一位推銷員王東園按捺不住自己的好

小學生也看得懂的經濟學
培養孩子成為理財高手

奇心,請吳蘊初也給他的湯中放一些。王東園品嘗後,大加讚賞。吳蘊初則趁此機會大力宣傳起自己的產品來,王東園聽了很激動,非常佩服吳蘊初。隨後,王東園介紹吳蘊初結識了自己的老闆張逸雲。張老闆接觸吳蘊初後,覺得他研製的產品市場前景好,便立即拿出 5000 塊銀洋給吳蘊初,讓他將研發出來的產品投入生產。

很快,首批產品問世。吳蘊初將這種產品取名「味精」。為了宣傳加入「味精」的食物如同天上庖廚烹製的珍奇美味,他又冠以「天廚」二字。他們打出「天廚味精」的大旗,因味美、價廉大得人心,銷路一下就打開了。

樂樂爸爸:「樂樂,你佩服故事裡的吳蘊初嗎?」

樂樂:「太佩服了! 他想辦法籌到了辦企業的錢,真聰明!我們的閱讀課本上說『同仁堂』 有 300 多年的歷史,這是中國最老的企業嗎?」

樂樂爸爸:「樂樂,你可以自己去查實一下。中華老字號很多,全國各行業共有老字號商家一萬多家,到現在仍在經營的卻不到千家。一個企業要想長期存在,就要有好的產品和服務,還要不斷創新。」

樂樂:「嗯,企業要長期生存下去很不容易,難怪街上的百年老店不多啊!」

第三部分 國中階段
44. 稅收就是大家交、大家用

44. 稅收就是大家交、大家用

樂樂：「爸爸，發明避雷針的那個美國人富蘭克林說，『人生中只有兩件事不可避免，那就是死亡和納稅』。納稅為什麼不可避免？」

樂樂爸爸：「是的，稅收與我們的日常生活息息相關、形影不離。」

樂樂：「我沒有納稅呀！」

樂樂爸爸：「我們的衣、食、住、行都要納稅，雖然不是你直接到國稅局去交，但是你買衣服時，支付給大賣場的錢中已經包含了稅金，我們吃的米、麵、油等在購買價中也含著稅。」

樂樂：「那我們也交了稅的。」

樂樂爸爸：「對，我們買房的時候房價中包含了稅款，在交房時還要交稅。買車要交稅，油價也含稅。」

樂樂：「那我們交的稅是大賣場幫忙交的？」

樂樂爸爸：「對，大賣場賣的東西中都含稅，當然大賣場自己

小學生也看得懂的經濟學
培養孩子成為理財高手

賺了錢，還要交另外的增值稅等稅。」樂樂：「那稅收就是大家交的？」

樂樂爸爸：「對，稅收就是廣大納稅人繳納的，納稅人可以是單位和個人，大家都是納稅人，稅收最終都來源於我們每個人，大家都為國家稅收收入做貢獻。」

樂樂：「那稅收都拿來幹什麼呢？」

樂樂爸爸：「我們生活中能處處感受到稅收帶來的便利。比如，你早上去上學走過的街道，街道兩邊的樹、路燈、學校的教室，這些都是用稅收來建造的。」

樂樂：「哦，這些都是稅款修的？」

樂樂爸爸：「國家、政府用的錢都是靠大家的稅收，我們軍隊的槍、飛機、軍艦都要很多的錢。比如，我們出行坐火車的鐵路，開汽車的高速公路，喝的自來水，逛的公園，這些都有國家稅收的作用。」

樂樂：「但是有些我們要給錢呀！高速公路要收費，水也要水費。」

樂樂爸爸：「那是因為國家稅收不夠，就讓一些有錢的企業投資修的，他們可以收錢。還有，國家收回一部分錢又來繼續投入新的建設，才能保證大家過上好日子，如修電站、自來水廠都花了很多錢，但是國家收一部分後又修新的電站、自來水廠，這樣才能滿

第三部分 國中階段
44. 稅收就是大家交、大家用

足越來越多人的需要和維修已經修好的設施設備。」

樂樂：「國家的稅收還不夠用嗎？」

樂樂爸爸：「對的，因為大部分國家的建設，修好後不收錢，需要國家建設的又很多，每年又要應付地震、洪水、颱風、乾旱等自然災害，都要花很多的稅款，所以國家用錢也要有計劃和安排，也要和個人一樣節約用錢。」

樂樂：「國家的錢也有不夠用的時候。」

樂樂爸爸：「對的，因為稅收要合理，不能收太多的稅，不然社會就不和諧了，所以我們不能偷稅漏稅，應該做一個合法的納稅人，共同建設國家。」

小學生也看得懂的經濟學
培養孩子成為理財高手

45. 買保險就是保證汽車不被撞嗎？

　　有一次樂樂陪爸爸去修車，在汽修廠修完車後，樂樂爸爸讓汽修廠老闆幫忙辦理汽車保險。回家的路上樂樂問：「爸爸，幫汽車買保險就是保證汽車不被撞壞嗎？」

　　「不是的。」樂樂爸爸頓時一樂。

　　樂樂：「那汽車保什麼險呢？」

　　樂樂爸爸：「汽車保險是我們先給保險公司交幾萬錢後，保險公司就給我們的汽車一張保單，今後我們的汽車如果被撞了，保險公司就會出錢幫我們修車，我們修車就不用錢了。」

　　樂樂：「那如果我們車子這一年都沒修，保險公司會把錢還給我們嗎？」

　　樂樂爸爸：「不會還的。」

　　樂樂：「那不划算！」

　　樂樂爸爸：「保險的目的是萬一汽車撞得太慘，或者撞了人就要賠很多錢，有可能保險公司出的錢比我們交的幾千元還要多很

第三部分 國中階段
45. 買保險就是保證汽車不被撞嗎？

多。比如我們去年買保險花了兩萬元，我們的車撞到樹上，引擎大修，車子修理花了三萬元，我們不用出錢。」

樂樂：「那保險公司的錢賠完了怎麼辦呢？」

樂樂爸爸：「每輛車都要買保險，一年中，大部分車都不會出事故，知道了嗎？」

樂樂：「知道了。」

樂樂爸爸：「保險不是確保不發生風險，而是在發生意外情況時，得到幫助和支持。保險的基本原則是累積很多人交的保險費，形成一個抵禦和化解風險的保險基金，類似一個大集體，在這個大集體中每個人都是付出者，但同時也是受益者。通過付出，在遭遇事故時，得到及時的救助，這就是保險的基本功能。保險就是轉移風險，買保險就是把自己的風險轉移出去，為眾多有危險顧慮的人提供保障。而接受風險的機構就是保險公司。保險公司借助眾人的財力，給遭災受損的投保人補償經濟損失。」

樂樂：「保險還真有用。」

樂樂爸爸：「保險就像飛機上的降落傘，雖然未必有用，但一旦飛機出事故就有用了；保險也像牆角的滅火器，或許過了使用期限還沒派上用場，但一旦起火就有用。保險就是防患於未然。」

樂樂：「那可以為哪些東西買保險呢？」

樂樂爸爸：「保險主要有兩類：一是財產保險，像企業財產保

小學生也看得懂的經濟學
培養孩子成為理財高手

險、家庭財產保險、機動車輛保險等。二是人身保險,包括人壽保險、人身意外傷害保險、健康保險。比如每年開學不久你要交幾百塊錢給學校,就是學校統一給每個同學買的團體保險,還可以買醫療保險、生病的保險等。」

樂樂:「保險是現在商業社會才有的嗎?」

樂樂爸爸:「不是,保險有很長的歷史了。人類社會從開始就面臨著自然災害和戰爭的侵擾,在與大自然抗爭的過程中,古代人就萌生了對付災害事故的保險思想和原始形態的保險方法。中國歷代王朝都非常重視積穀備荒。孔子『拼三餘一』的思想是頗有代表性的見解。每年如能將收穫的三分之一積儲起來,這樣連續積儲三年,便可存足一年的糧食,即『餘一』。如果不斷地積儲糧食,經過二十七年可積存九年的糧食,就可達到不怕災荒和戰爭的目的。」

樂樂:「孔子真聰明。」

46. 計程車為什麼要有基本車資？

有一次，樂樂問：「爸爸，為什麼計程車一按表就有 70 塊錢了呢？車都還沒有開始跑。」

樂樂爸爸：「那是計程車的基本車資，只要一坐上計程車，不管你坐多遠都要給錢。」

樂樂：「那為什麼要有基本車資呢？」

樂樂爸爸：「那是因為計程車有一固定成本，計程車買車、計程車司機的薪水等費用是相對固定的，在計程車定價的時候就要先計算這部分錢，這部分錢要花很多，不然幾年下來，車跑壞了，這些錢都還賺不回來。然後計算出一個基本車資，加上你到目的地的里程價，就是計程車計價器上最後顯示的金額。」

樂樂：「那如果去很近的地方就不划算嘛！」

樂樂爸爸：「就是，所以我們要盡量坐公車，公車便宜，坐很遠才 15 塊錢。近的話就走路，這樣才節約。」

樂樂：「爸爸，我們坐計程車是在不方便的時候坐。對不對？」

小學生也看得懂的經濟學
培養孩子成為理財高手

　　樂樂爸爸:「對的,計程車主要是不方便的時候坐,比如公車到不了的地方,還有趕時間才坐。」

　　樂樂:「每個城市基本車資都一樣嗎?」

　　樂樂爸爸:「每個城市不一樣,主要還是受市場因素影響,根據計程車行業的經營特點、城市的交通狀況、城市大小、坐車的人數多少來做出一個價格安排。一般來說,都是基於發展計程車行業、解決交通問題的宗旨,既要保證計程車行業的合理利潤,又要把這個價格控制在合理的範圍內,讓坐車的人花得起。當然這個價格也是經常變化的。」

　　樂樂:「這麼複雜呀!」

　　樂樂爸爸:「這就是『處處留心皆學問』。」

第三部分 國中階段
47. 國家也要借錢嗎？

47. 國家也要借錢嗎？

有一天，樂樂看完電視後就問：「爸爸，剛才電視上說，中國是美國的最大債權國。」

樂樂爸爸：「對的，中國有 1 萬多億美元的債權呢。」

樂樂：「美國為什麼欠這麼多錢呢？」

樂樂爸爸：「不是美國欠錢，也不是借錢給美國，中國是購買美國的國債。購買國債是一種較穩健的、回報較高的投資方式。」

樂樂：「原來是投資。」

樂樂爸爸：「買國債是為了獲得高額的利息回報，我們知道錢是會貶值的，購買美國國債可以獲得平均 4% 的利息回報，中國每年都獲得很多的回報。」

樂樂：「原來是這樣。」

樂樂爸爸：「其實購買美國國債最主要的不是因為投資的利率，而是希望穩定中國貨幣對美元的匯率。」

樂樂：「中國買美國國債還有這麼多原因。」

小學生也看得懂的經濟學
培養孩子成為理財高手

樂樂爸爸：「當然，中國購買美國國債也有無奈之處，它的風險在於美國要保證美國經濟不能崩盤，保證美元的價值，這樣中國的 1 萬多億美國國債才不會貶值。」

樂樂：「好複雜。」

樂樂爸爸：「債權是把雙刃劍。它如同核武器一樣，妥善利用則利國利民，稍有不慎則受制於人。所以你要瞭解什麼是國債。」

樂樂：「不知道。」

樂樂爸爸：「國債就是國家為了彌補財政赤字，也就是國家錢不夠了，或者是國家要修大的工程、要打仗時就要發行國債，就是向大家借錢，也可以向其他國家借錢。國家借錢就是賣國債，幾年後連本錢和利息一起還你。國債是通過銀行發出去的。」

樂樂：「國家也要借錢嗎？」

樂樂爸爸：「當然了，國家和企業一樣要發展，國家發國債，企業發債券。但是國債到期就要還給你。國家很講信用的。」

樂樂：「為什麼要發國債？多印點錢不就行了。」

樂樂爸爸：「每年國家都要發行國債，錢不能想印多少就印多少，錢印多了，就會通貨膨脹，錢就不值錢了。除了美國也要發行國債，其他國家也會發行國債。」

第三部分 國中階段
48. 為什麼破產了還要保護？

48. 為什麼破產了還要保護？

有個週末，樂樂爸爸帶著樂樂去看車展。回家的路上樂樂突然問：「爸爸，電視上都說美國的通用汽車公司破產了，怎麼今天還有那麼多通用的汽車展出呢？」

樂樂爸爸：「通用公司不是破產了，它是申請了破產保護。」

樂樂：「都破產了還要保護？」

樂樂爸爸：「破產保護不是破產倒閉，破產保護是企業經營不好，欠了債，但通過向法院申請破產保護後，企業想辦法通過資產重組、政府援助等辦法重新生產、經營。通用公司就是在政府援助了 500 億美元貸款後重新生產經營。」

樂樂爸爸接著說：「美國《破產法》規定了公司如何停止經營或如何走出債務深淵。當一個公司臨近山窮水盡之時，可以根據《破產法》來重組業務，爭取再度贏利。破產公司，仍可照常營運，公司管理層繼續負責公司的日常業務，其股票和債券也在市場上繼續交易，但公司所有重大經營決策必須得到破產法庭的批准，公司

小學生也看得懂的經濟學
培養孩子成為理財高手

還必須向證券交易委員會提交報告。如果公司申請破產，公司全部業務必須立即完全停止。由破產財產託管人來清理（拍賣）公司資產，所得資金用來償還公司債務，包括對債權人和投資人的債務。如果是破產清算，股民手中的股票通常會變成廢紙一張，因為破產意味著這個公司無清償能力（負債大於資產）了。」

樂樂：「我還以為通用公司是垮了的，已經不生產新汽車呢。」

樂樂爸爸：「通用公司已經脫離破產保護，現在的通用公司又開始賺錢了。」

樂樂爸爸：「在美國，企業一旦申請破產保護，它的債權人暫時不能去追究這個企業的債權，企業就能夠有喘息的時間，在申請破產保護的這段時間之內可以想辦法。一旦公司通過破產保護，走出了破產法庭以後，相當於把身上的債務甩掉了，可以輕鬆上陣。破產保護除了維護企業和個人的局部利益外，還有利於防止失業，可以緩解社會矛盾、保持社會穩定。」

樂樂：「那在破產保護的時候，公司還是繼續虧損，就要破產了嗎？」

樂樂爸爸：「對的，如果在破產保護期公司不能起死回生，法院就宣告這個公司破產解散。」

樂樂：「那國家破產也可以申請保護嗎？」

樂樂爸爸：「國家一般不會破產，即使破產了國家也還在。」

第三部分 國中階段
48. 為什麼破產了還要保護？

樂樂：「那為什麼 2009 年希臘就宣布破產了呢？」

樂樂爸爸：「國家破產的意思像是一個形容詞，體現一國經濟形勢的危急，並不預示著這個國家馬上就會消亡，或者發生革命。就拿希臘來說，雖然它的外債遠遠超過其國內生產總值，但是依然可以在現有的情況下找到克服困難的辦法，比如向其他國家借債，尋求國際援助。」

樂樂：「那希臘的人現在都很窮嗎？」

樂樂爸爸：「不是的，希臘的人現在還是有窮有富，只是希臘政府負債太多，無法償還，所有的國民都會背上債務，並不是要每一個人都去還錢。」

樂樂：「喔，那就沒關係了。」

樂樂爸爸：「當然，全體人民都將活在對內和對外的債務中，他們國家的經濟也將面臨崩潰的危險。借貸國如果通過借款來控制破產國家，那麼其國家將會變成附屬國或者傀儡國，在經濟上和政治上失去獨立，後果還是十分嚴重的。」

小學生也看得懂的經濟學
培養孩子成為理財高手

49. 什麼是捐贈誓言？

一天，樂樂坐在沙發上看報紙。樂樂問：「爸爸，什麼是捐贈誓言？」

樂樂爸爸：「捐贈誓言就是富豪們把自己的個人資產大量捐給社會，來做慈善，幫助別人。」

樂樂：「爸爸，那他們把自己掙得的錢捐完了，自己又變成窮光蛋了。」

樂樂爸爸：「這其實是一個人的價值取向，人的真正價值不僅體現在能夠為社會創造多少效益，更體現在能夠承擔多少公民責任、履行多少社會義務上。慈善與愛心，不是出於勉強和敷衍，而是一種發自內心、見之行動的自知自覺行為，是『窮則獨善其身、達則兼濟天下』的情懷。在 1932 年，就有過這樣的事，就是擔任過民國總理的熊希齡。我們一起來學習熊希齡的故事吧。」

熊希齡（1869-1937 年）是中國近代史上著名的政治家、教育家、慈善家和實業家，是民國時期真正的慈善大亨。

第三部分 國中階段
49. 什麼是捐贈誓言？

剛創辦北京香山慈幼院的時候，熊希齡和夫人朱其慧就產生了要將自己的家產捐辦慈善教育事業的想法。朱其慧逝世不久，「九一八」事變就爆發了，湖南、安徽、河北、甘肅等 16 省此時也相繼發生罕見的特大水災，災情很嚴重，災民很多。

熊希齡決定將自己積攢多年的家產悉數捐給兒童幸福基金，然後以孑然之身奔赴國難。

1932 年 10 月 15 日，熊希齡邀請周作民、童自強、朱霖等 50 多名親友到北平石駙馬大街的家中集會，當場宣布要全捐家產以辦慈善教育事業。

熊希齡當眾宣布對自己家產的處置辦法，只給還在上學的孩子留了很少的教育、生活費，把餘下的全部巨額家產，包括公債股票 34 萬元、銀兩 6 萬多兩，以及 41 張房地契、1 張礦產股票和 1 張地契銀行存證等多項未計價或無法計價財產，悉數捐充熊朱義助兒童幸福基金社公益基金。

將自己的家產全數捐出後，熊希齡十分高興地對眾人說：「余之一生心願亦了矣。此後之切實進行，垂諸久遠，則所望於董事會矣。敢以懇摯誠篤之心，百拜以謝於董事會之諸君子也。」

樂樂爸爸說：「報紙實際上討論的是富豪們應該回饋社會。對我們普通人而言，應該做一個有愛心的人，力所能及地將錢財等捐給需要幫助的人，做好捐贈。」

小學生也看得懂的經濟學
培養孩子成為理財高手

　　樂樂：「就是向地震災區捐款那樣做。」

　　樂樂爸爸：「賑災捐款是對的，但是捐款要量力而行，你還是學生，只能捐你自己的零用錢。」

　　樂樂：「知道，老師說了一方有難、八方支援，同學們都捐了錢。」

　　樂樂爸爸：「捐款是為了幫助別人，因為別人有了困難。我們要關注身邊有困難的人，每個人要有愛心。你們從小要學會感恩，學會給予。感恩是一種積極的生活心態，在這種心理暗示下，我們對生活的態度才會積極，才會熱愛生活。」

第三部分 國中階段
49. 什麼是捐贈誓言？

國家圖書館出版品預行編目資料

小學生也看得懂的經濟學：培養孩子成為理財高手 / 馮泓樹，馮偉著 . -- 第一版 . -- 臺北市：崧燁文化, 2020.08
　　面；　公分
POD 版
ISBN 978-986-516-456-0(平裝)
1. 經濟學 2. 通俗作品
550　　　109012453

官網

小學生也看得懂的經濟學
培養孩子成為理財高手

臉書

作　　　者：馮泓樹，馮偉　著
發　行　人：黃振庭
出　版　者：崧燁文化事業有限公司
發　行　者：崧燁文化事業有限公司
E - m a i l：sonbookservice@gmail.com
粉　絲　頁：https://www.facebook.com/sonbookss/
網　　　址：https://sonbook.net/
地　　　址：台北市中正區重慶南路一段六十一號八樓 815 室
Rm. 815, 8F., No.61, Sec. 1, Chongqing S. Rd., Zhongzheng Dist., Taipei City 100, Taiwan (R.O.C)
電　　　話：(02)2370-3310　　　傳　　　真：(02) 2388-1990
總　經　銷：紅螞蟻圖書有限公司
地　　　址：台北市內湖區舊宗路二段 121 巷 19 號
電　　　話：02-2795-3656　　　傳　　　真：02-2795-4700
印　　　刷：京峯彩色印刷有限公司（京峰數位）

── 版權聲明 ──

本書版權為西南財經大學出版社所有授權崧博出版事業有限公司獨家發行電子書及繁體書繁體字版。若有其他相關權利及授權需求請與本公司聯繫。

定　　　價：250 元
發行日期：2020 年 8 月第一版
◎本書以 POD 印製